澤宮優

プロ野球・燃焼の瞬間

宮田征典・大友工・藤尾茂

現代書館

プロ野球・燃焼の瞬間＊目次

装幀　渡辺将史

燃焼の瞬間——常勝巨人という組織で個性を発揮することの難しさ

現在プロ野球チームはセ・パ合わせて一二球団あるが、この中でつねに優勝を宿命づけられているのは巨人軍だけであろう。勝つことを強いられ、リーグ優勝は当然のこと、日本一になってはじめて評価を得るチームが巨人軍なのである。もちろん多くのマスコミ、野球ファンに注目されている中でプレーすることは野球選手にとって至上の夢である。だが常勝チームゆえの極めて厳しい側面があることも事実であろう。

長嶋、王であってもその厳しい現実から逃れることはできず、不滅の九連覇を成し遂げた川上哲治でさえも同様であった。その巨大な組織の中にあって個人がいかに自分自身を出し切ってプレーをしたのか、V9のリリーフエース宮田征典《ゆきのり》、戦後のエース大友工、戦後のベストナイン捕手藤尾茂を通して描きたかったのである。

なぜ彼ら三人でなければならなかったのか、一言付記しておきたい。

宮田は巨人の初代リリーフエース、大友は年間三〇勝を挙げたこともある巨人の横手投げのエース、藤尾は強肩強打の巨人待望の大型捕手だった。三人に共通するのは戦後プロ野球で活躍したスター選手であったものの、全員が栄光の瞬間が短命であったことである。三者とも光り輝いた時期は五年にも満たない。それだけにファンには強烈なインパクトを残し、短く燃えた時代はいつまでも記憶に残り続ける選手と言える。

ある意味では悲劇の選手たちであるが、損得も考えずにすべての力を出し切った生き様は悲劇を超えて、男の颯爽とした潔さすら感じさせる。このことは複数年契約、中六日の登板など、できるだけ長く安定した生活をしたいと考える今の選手たちに対して対極にある存在でもある。それだけに三人の個性は激しく、プロとしての矜持も今のサラリーマン化された選手たちよりはるかに強いものがあった。

そして三人はある意味で時代の先駆けとも言える存在で、日本の野球を変え、現在のプロ野球に深い影響を与えながらも、現在あまり語られることの少ない選手たちでもある。

宮田は現在でも伝説として語り伝えられるリリーフ投手の元祖で、昭和四〇年に彼が挙げた二〇勝四一セーブの記録は、先発完投が一辺倒だった日本の野球界にリリーフ投手の重要性を与えたという意味ですばらしい業績といえるものである。

大友は昭和二八年にメジャーリーグのニューヨーク・ジャイアンツを相手に日本で初めて完投勝利（二対二）を収めた。現在のように日本の選手が頻繁に海を渡る時代ではなくて、まだまだメジャーリーグのレベルも高く、日本野球はその足元にも及ばない時代だったから、大友の快投にファンは狂喜した。現在のアメリカを見据えた日本野球の萌芽がそこにある。

藤尾は強肩強打の捕手として、昭和三一年にドジャースに野球留学、そのパワーと野球センスはメジャーリーガーに一歩もひけを取らなかった。豪快な打撃とチームを引っ張るリーダーシップは、シアトル・マリナーズに移籍した元ソフトバンク・ホークスの城島健司を彷彿とさせるものだった。藤尾は惜しくも力を長く出し切ることなく、森昌彦（祇晶）の前に敗れたが、もし彼が巨人の正捕手を長く続けていたら、日本の野球はもっと豪快に、力に溢れたプレーが見られたかもしれない。

そしてなぜ三人が異なった生き方をしなければならなかったか。宮田、大友は力を出し切って悔いなくユニフォームを脱ぐことができた。しかし藤尾は素質的には森の数倍も上回る技量を持ちながら、なぜか力を出し尽くすことなく短い期間で選手生活を終えなければならなかった。そこに常勝巨人軍という組織で生きる難しさがある。毎年優勝を義務づけられた巨人というチームでいかに個性を発揮して生きてゆくことが至難なことか、これからの物語は伝えてくれている。

そのことは今不景気の中、利益を上げることを強く求められる企業と同じだといえるだろう。厳しいノルマ、成果主義の導入、そして解雇、リストラと管理体制が年々強まっている。その中にあって、企業人がいかにして個を全うして生きてゆくことができるのか、三人の生き方が示唆してくれているように思う。

三人の活躍を繋げてゆけば、ちょうど戦後の荒廃から復興、そして高度経済成長と戦後日本の流れを描いた時代史にもなる。それは大友、藤尾、宮田と短命ではあったが、その時代に全力で生きたプロ野球のスター選手による昭和の戦後史である。
いつしか社会が利益重視、機能重視の世の中になってしまったとき、プロ野球においても昭和九年に創設されてからの長い歴史が顧みられなくなってしまった。ごくわずかのスター選手を除いて、七〇年の歴史の中で光り輝いた選手たちは時代の急速な流れの中でかき消されてしまった。現在の目で見ればもっと評価されてよい選手たちがいる。その代表例に大友、藤尾、宮田の名前が挙げられる。
今彼らの姿を掘り起こすことで、彼らの存在をもう一度現在という時代に問いかけ、若い人たちに評価を委ねてみたい。そうすることで彼ら三人を機軸として他の素晴らしい選手たちも次々と甦り、当時を知るファンだけでなく、永遠に記憶に残る選手として代々伝えられてゆくのではないかと思う。

この本の章立ては時代順からいけば大友工、藤尾茂、宮田征典の順だが、藤尾は生来の力を出し切ったものの、別の目で見ればまだ活躍できたのではないかという哀切な思いがしたため、最後の章でページを割いて深く描くこととした。

この物語は高度経済成長の中で生きたすべての日本人に共通する事項かもしれない。利益を上げて利便性を追求された結果、企業の歯車として多くの人たちが役に立たなくなれば無残にも切り捨てられていった。この時代に生きたすべての日本人も巨人で生きた彼らと同じような立場であったのかもしれない。その意味では三人の生き方は決して特異な運命ではなく、万人の人たちの奥底に流れる共通項であった。大友、藤尾、宮田の物語は戦後日本人の人生の象徴として描かれた所以である。

第1章　八時半の男伝説――リリーフエース宮田征典

昭和四〇年といえば前人未到の巨人のＶ９が始まった年である。このシーズンではほぼ二試合のうちの一試合に、試合が終盤を迎える頃にマウンドに登る男がいた。その男は心臓の持病のためリリーフ専用の投手となり、先発投手が崩れると決まってマウンドに呼びつけられて、颯爽と打者を打ち取っていった。彼はマウンドに上がるとき、スコアボードの時計を横目で見た。時刻はちょうど午後八時半をさしていた。彼のマウンドに上がる時刻はほぼ同じである。いつしか野球ファンは彼のことをニックネームで呼ぶようになった。

「八時半の男、宮田征典」

宮田はその年ほとんどリリーフだけで六九試合に登板し、二〇勝五敗、防御率二・〇七の成績を残した。当時セーブという数式はなかったが、これを現在の成績方式に換算すると二〇勝にプラスして、二二セーブが加えられる。救援勝利を含むセーブポイントは四一になった。その後広島、日本ハムで活躍した江夏豊、横浜で「浜《ハマ》の大魔神」と呼ばれた佐々木主浩などリリーフの素晴らしい投手が誕生したが、宮田の二〇勝を凌ぐ投手は誰も現れなかった。現在も過去も日本一のリリーフ投手と言えば宮田を除いて他はない。宮田がいなければ以後幾多にわたる救援専門投手が輩出されることはなかったのだから。

宮田が登場してから各チームも彼に倣ってリリーフ専門の投手を置くようになった。先発投手一辺倒だったプロ野球界に先発、リリーフという分業制が新たに確立することになったのである。野球の近代化の始まりだった。いわば宮田はプロ野球の歴史を変えた男と言ってもよかった。当時の週刊誌は彼をこう記す。

〈昭和四〇年のプロ野球は、一人の全く新しいタイプのヒーローを生んだ。宮田征典——いうまでもなく、日本最初の本格的リリーフ専門投手であり、しかもその人物は、およそ従来のプロ選手の概念からかけはなれた冷静水のごときマナーと、鋭い知力を感じさせる〉

（『週刊ベースボール』昭和四〇年八月十日号）

だが宮田は野球の歴史を変えた投手であるにもかかわらず、「八時半の男」という伝説だけが一人歩きして、彼の活躍が正確に語られることがほとんどなかった。宮田の功績を地道に辿ってゆくことで、現在の野球界の本質と問題点が浮き彫りにされるのではないだろうか。

1　文武両道の秀才

平成一六年十一月末の土曜の昼下がりに宮田は赤坂のプリンスホテルに約束の時刻よりも三〇分も前に姿を見せていた。取材場所が当日変更されたこともあって、目的地まで行き着くのに時間が掛かってしまった。店の入り口には白髪に眼鏡をかけた紳士が立っていてくれた。私を見るや否や、「場所がわかりましたか」と笑顔で尋ねた。彼が「八時半の男」宮田征典であった。写真で見た現役時代と変わらない締まった体つきをしている。白いカッターシャツに茶色のベストを重ねていた彼は、ランチタイムで賑わうレストランの奥の席へと案内してくれた。小春日和の暖かく晴れわたった日でもあった。私たちは静かになった店内でコーヒーを飲みながら、向き合って話を始めた。宮田は遠くを見る眼差しで、ゆっくりと語りだした。呟くような静かな口調だった。

「8時半の男」宮田征典投手。彼の投球が野球に革命をもたらした（毎日新聞社提供）。

「僕はね、子供のときは野球は好きじゃなかったんですよ。体の具合も悪かったたから。心臓は小さいときから悪かったし、慢性気管支炎だったたし、内臓系統は悪かったからスポーツは奨励されてなかったんだね」

彼は意外なエピソードから話を切り出した。

宮田は昭和一四年十一月四日に群馬県の前橋市に生まれている。実家は鉄工所を経営していた。プロ野球との出会いは小学校四年生のときに開催された「日米野球」に遡る。昭和二八年十月にオドゥール監督の率いる米大リーグ選抜チームが来日し、一三勝一敗二引き分けの成績を残した。ちょうど宮田の郷里に近い宇都宮球場でも試合があって、巨人軍は別所、大友、中尾、藤本のリレーで勝ったが、川上のレフト線いっぱいの二塁打、大友工のサイドスローから繰り出される快速球が記憶に残っているという。これが宮田の初めて見たプロ野球であった。

だが、彼は体が弱かったので野球の道には進まず、中学までは体力をつけるために水泳をしていた。ちょうど古橋広之進が昭和二四年の全米選手権で自由形の四百、八百、千五百世界新記録を続出し「フジヤマのトビウオ」と呼ばれた時期であった。自宅の前を利根川が流れている。川で泳いでいるうちに体も健康になってくると、本格的に運動をやってみようという気持ちに次第に傾いた。前橋一中の二年生のときだった。

「従兄弟が同じ中学で野球をやっていたんですね。ちょうど野球部に投手がいなくなってしまった。控え投手をやってくれないかということで、野球を始めたんです。運動してないと病気に負けちゃいそうな気もしていましたからね」

宮田は野球を始めた動機を語るが、その頃の彼には野球よりも「古代文化」の研究に打ち込むほうが熱心な少年であった。群馬は太田天神山古墳など古代史の宝庫でもあり、古代文化研究会に所属して古代寺院の瓦の研究、古墳の研究をおこなって、県の表彰で一等を取ったこともあった。学業もオール5で、学年で二位という席次が定位置だった。

「中学三年のときは家紋の研究もやったな。夏休みは寺に泊まり込んで一週間徹夜で一五〇〇枚の原稿を書いたこともあります」

彼の書いた家紋についての研究論文は群馬県の科学コンクールで特選になるほどだった。

宮田のルーツを辿った雑誌（『ベースボールマガジン』昭和四〇年八月十日号）はこうも記している。

〈その研究の成果に県の教育関係者や、学校の担当教師たちも絶賛し、宮田君はこの方面で名を挙げるかもしれないとまで期待されたというのだから相当なものだったらしい〉

中学時代に後の名投手を彷彿とさせる手がかりは何もなかった。彼自身、将来は古代文化研究の方面に進むのではないかと思っていたからである。転機を迎えるのは高校に進んでからであった。秀才の彼は当然のように群馬県で最上の進学校である前橋高校に入学した。当時でも東京大学には三〇人以上は合格しており、東大に行けなくても地方の国立大学に進むのは当たり前の高校だった。彼が野球に突き進むようになったのにはどこに理由があるのだろうか。

ちょうど宮田が入学したときに、それまでエースを務めていた中利夫（後中日）が卒業したために投手陣が手薄になっていた。中は主将で三番を打ち、春の群馬県大会でチームを優勝に導いた牽引車だった。そこに宮田が入部してきたわけだが、野球部の監督をしていた藤生宣明は彼の体を見て眼を見張った。

「ちょうどバンビを思わせるような体つきだった。子供っぽい姿態に、すばらしいバネ。そのうえなで肩で、わたしの理想としている投手のタイプだった」

藤生は彼をオーバースローで直球一点張りの練習を叩き込んだ。もっとも宮田にとっては部員がいなかったので野球部に誘われてしまい、本格的に打ち込むようになったというのが真相のようである。

「部員は八人しかいませんでした。仕方がないから定時制から一人借りてライトで九番にしました。進学校ですから、定期試験の二週間前は部活は休みです。そのときは個人的にピッチングの練習をやるだけでした」

だがこの間、宮田は一気に頭角を現し、群馬県内では誰もが知る速球投手と言われるようになった。

彼が二年生のとき、昭和三一年の十一月だった。すでにエースとして投げていた彼の許へ早稲田実業が練習試合にやって来るという報せが舞い込んだ。早稲田実業のエースは左腕の王貞治で、言うまでもなく後の巨人の主砲で、世界の本塁打王である。高校時代の王はエースで四番打者、甲子園には春夏合わせて四回出場し、うち選抜大会では優勝投手にもなっている。宮田は全国の名門校と対戦できるとあって張り切った。

このとき王は一年生ながらエースを務め、早実は宮田という球の速い投手がいるからという理由で対戦相手を求めて遠征して来たのであった。試合は前橋高校のグラウンドで行われたが、ノーワインドアップで投げる王が一八個の三振を奪えば、宮田は一五個の三振を奪う投手戦になった。結果は一対〇で前橋高校が勝ったが、藤生のメモにはこう書かれてある。

〈本日、宮田ハ王ニ比較スレバ技巧ハナイガ球速デハ勝ッテイル。ヨクコーナーヲツキ、クリーンヒットナシ。関口（註：宮田の捕手）ノリードモヨク久シブリノ好投ナリ〉

一試合での両チームのアウト数は計算上五四個となるが、そのうちの三三個（王一八、宮田一五）が三振という結果になったわけで、非常に珍しい投手戦であったと新聞に書かれもした。宮田にすれば王に勝ったということで自信も膨らんで真剣に野球を行うようになったが、すぐにアクシデントに襲われてしまった。王との試合を終えた翌日、体の具合が悪くなって寝込んでしまったのである。心臓と十二指腸の調子が思わしくなかった。とくに貧血を頻繁に起こして倒れてしまう。群馬大学医学部で検査をしてみると「白血病」だと診断された。ちょうど原爆実験が日本の近海で行われ、マグロ漁船が被曝するという事件もあったため、このときは白血病になる人が多かったのである。慶応大学医学部、東京大学医学部の診断も同じだった。結局は十二指腸にいる虫が血液を吸うから体内の血が足りないことがわかって、二カ月の安静を命じられてしまった。

宮田の血液の濃度は通常人の六〇パーセント、白血球は三〇パーセントしかなかった。この間の入院が祟って、学校の勉強が遅れてしまった。しかも病気のため三年生になってもほとんど投げることはできなかった。彼に残された道は大学の野球部のセレクションを受けることだった。

宮田は回顧する。

「コントロールは悪かったけど球は速かった。巨人のスカウトも高校に見に来るようになりました。でも私の家は鉄工所をやっているから、長男の私は大学を出て家業を継ぐというコースが用意されていたのです。それでプロ野球は断ったんです」

藤生は、高校時代の宮田を見て、すでにリリーフ投手がよいという特性に気がついていた。高校二年生の九月のメモに〈宮田はやや心臓が悪いようだ。強い運動を持続することは慎むべきで心臓に注意すること。投球練習も休み休み行うこと。将来はリリーフ投手に使うことがよい。〉とある。確かに宮田は短いイニングであれば見違えるような投球をするときが多かった。この点から彼の適性を見抜いていたのである。

彼が野球部のセレクションを受けようと決心したのは三年生の夏だった。そのときには希望する立教大学は終わっていた。宮田は長嶋に憧れていたから、彼の母校である立教に行けなかったのは大きな失意だった。この時期に受けられる大学は日本大学があった。このとき彼の脳裏にはこんな思いが過《よ》ぎっていた。

中学生のときだった。彼の叔父が日立製作所に勤務しており、ちょうど休暇でキャッチボールをやっていた。叔父は日立の野球部のマネージャーをしていたから、少年の宮田にこう諭すのだった。

「いいかお前は大学出たら、日立製作所に入るんだ。そこで野球を少しやったら、喜三郎さんの後を継いで鉄工所をやるんだよ」

喜三郎は宮田の父親の名前だった。即座に彼は鉄工所をやるのだから理工学部がいいだろうと判断した。しかし、よくよく調べてみると、理工学部では野球はできないことがわかった。そこで経済学部を選ぶことになった。

2　日大で主将

日本大学に入学して、一年生から投げる機会に恵まれていたが、今度は多発性神経痛に苦しめられて体は痺れて痛かった。一年間はほとんど何もできず、二年生も状態は変わらずだった。その年の秋に体も回復してある程度投げられるようになって、このシーズン七勝〇敗という成績で東都大学リーグの最高殊勲選手になった。そして彼は四年生になって主将に選ばれた。日本大学は昭和三六年六月に行われる全日本大学野球選手権に出場することになった。日大は順調に勝ち進み、準決勝で東京六大学代表の明治大学と対戦した。日大は宮田と竹中惇《あつし》（後中日）の二本柱で臨んだ。竹中は一八六センチも上背があって、球のスピードもあり、プロからも注目される投手であった。明治大学戦では竹中が四回まで投げて、以後は宮田がリリーフして〇点に抑えて、勝った。当時の新聞は試合模様をこう書く。

〈プレート近くで鋭く変化する宮田のくせ球にまったく沈黙〉

とある。そして決勝では村瀬広基（後巨人）をエースとする関西大学と対戦することになった。この試合も宮田は二回途中からリリーフに立って、関大打線を一点に抑えた。日大も村瀬の単調なピッチングをとらえ、六回に三点を奪って勝利を決めた。この大会宮田は一六イニングス三分の二を投げて失点一という見事な投球を見せた。この大会が行われた神宮球場のネット裏の最前列には巨人の監督の川上哲治とヘッド・コーチの別所毅彦、スカウトの沢田が並んでいた。このときの目的は神奈川大学のスラッガー池沢義行を獲得するために視察に来たのだった。はからずも日本大学対北海学園大学との試合を見て、宮田の落ち着いたプレート捌《さば》きが川上の目に映り、巨人も彼の存在をマークするようになった。

宮田を知る人は誰もが「彼は日大で主将をやっていたから紳士で、他人に対して親切だよ」と口を揃える。実際にプロで選手として、コーチとして大きな実績を残したにもかかわらず偉ぶったところは少しもない。目下の者に対してもじつに腰が低く、自然な気配りができる男である。ひと癖もふた癖もあるプロ野球選手にしては珍しいタイプと言わなければならない。やはりそれは彼が大学で主将を務めた点に原因がありそうである。

宮田は、大学三年までは打撃も良かったので投手ながら四番を打っていた。いわば宮田のワンマンチームであった。それが四年生になって主将に選ばれると、本気でチームプレーのあり方を考えなければならないようになった。チーム自体も春は学生選手権で優勝したものの、秋の東都大学リーグ戦では最下位争いをするなど調子が一定せず、選手たちの精神も荒れていた。チームを纏《まと》めるためには主将の自分が率先しなければいけないと考えた。

彼はその当時のことを語っている。

〈それには自分の私生活から変えなければと思って、随分おだやかで円くなりました。高校の時にも主将だったけれど、大学ともなれば百人をこす世帯ですからね。人をまとめるためには自分が率先してやらなければいけないし、皆の意見をよく聞いてやらなければいかんでしょうし、そういう努力が大きかったです。〉

（『ベースボールマガジン』昭和四〇年八月十一日号）

またこうも言う。

〈僕の野球には病気がついてまわったですからね。それを辛抱しぬいてやってきたことがよかったんでしょうね。そりゃ闘病生活中の気持というのは、まるで敗残兵みたいなみじめなもので

すから。〉

（同）

主将としてチームメイトの信頼を集めることと闘病しながら野球を続ける苦労と、この二点が現在の宮田の人間形成に大きな影響を及ぼした。

四年の秋の大会が始まった直後だった。宮田の投球をつぶさに観察していた別所は彼にマネージャーを通して一枚の手紙を渡した。プロの目から見て投球に気がついた点をしたためたものだった。封筒の表面には「宮田君」と書かれ、中にはメモふうの封書があった。おそるおそる開けると、十カ条にわたって注意事項が記されてあった。

●球にスピードがない。カーブのキレが甘い。君はプロとしては向いていない。体が早く開きすぎる。体にウエイトが乗らない。

手紙を見たとき宮田は思った。

「初めからプロなんか考えていなかった。別所メモを見ても当たり前だくらいにしか思っていませんでした。このとき日立製作所の日立工業にも内定していましたし」

この段階で川上は宮田を高く評価していたものの、別所の評価は川上と反対だったと言われている。

事態が変わるのは、日大の二本柱の一人である竹中が中日に入団が決まってからであった。巨人は宮田よりも彼を獲得したかった。だが愛知県出身の竹中は地元の中日を選んでしまった。

竹中を取れなかったことで、巨人としては即戦力の投手をどうしても一人欲しかった。彼の代わりを欲しいとまで日大の香椎《かしい》監督に申し出た。香椎は巨人のスカウトに言った。

「うちのチームには巨人に入って働ける選手はいないが、どうしてもとおっしゃるなら、選手としてどうかは分からんが、マネージメントをやらせれば立派に働ける男はいる」

香椎はそこで宮田の名前を出した。川上はシーズン中であったが、どうしても宮田に会いたがったため、彼はマネージャーの車に乗せられて川上の許に行った。川上は彼を見るなりこう言ったという。

「じつは俺も日大の中退なんだ。君を後輩として迎えたい」

そう言って、川上は鰻をご馳走してくれた。彼は戦時中兵役を延期するために日大の夜間部に籍を置いていた時期があったのである。そのとき球団代表も同席したが、「ぜひ巨人に来て欲しい」と頼んだ。

宮田は言う。

「川上さんは私をプレーヤーとしてよりも、将来ジャイアンツのいろんな分野で才能があると思って取ったのでしょう。当時の野球界はフロントもまだしっかりしていなかったから、組織的な部分でもきちんとやってくれるんじゃないかという期待感もあったのでしょう」

事実選手として引退した後も、コーチかスカウトで残ってはどうかという提案まであったという。後に彼は長らく巨人の投手コーチを務めることになり、多くの投手を育て名伯楽としての評価を高めるが、すでに入団時に球団首脳は育成力の資質をも見抜いていたことになる。

昭和三七年に宮田は巨人に入団するが、この年は一九人という大量の新人を獲得するといった年でもあった。新人の中での筆頭株はサッポロビールのエース城之内邦雄、法政二高で全国優勝した柴田勲らで、投手陣を中心とした補強だった。その中で宮田は大学野球の優勝経験者とは言え、彼らに比べると今ひとつ目立たない存在だった。百メートル一一秒という俊足を生かして野手にという案も出されるほどだった。城之内と柴田が新人の開幕投手をめざして、「鬼軍曹」別所コーチの許でボールを投げ込んでいたとき、宮田はどう感じていたのだろうか。

雑誌『ベースボールマガジン』はこう記している。

〈宮田の入団の際の決意としてはとにかく自信はないし、力の差もハッキリしているんだから、同期の選手たちがどうさわがれようとあせったりはすまい。

それよりも先ず目標を三年としよう。そしてその間の自分でつくせるだけのことはつくしてみようというところにあった。〉

それが宮田の本心だった。この年の投手の一軍の枠は七人だった。主力投手の藤田元司、中村稔、伊藤芳明、堀本律雄、堀内庄が当確として、残りの二枠を城之内、柴田、宮田の三人で競い合う形となった。宮田には高い評価はなされなかったものの、彼はキャンプ中に小さな発見をした。多摩川グラウンドで何気なく投げた一球が一瞬急に落ちた感じがした。フォークボールでも、シンカーでもドロップでもなく、落ち幅は小さいが鋭く沈むように思われた。最初は投げても変化しなかったが、次第に二球投げれば一球が落ちるようになり、投げ込んでゆくうちにほぼ握りと回転を習得してしまった。

この球をレギュラーバッティング練習で試してみると、二五人の打者が三振、内野ゴロとすべて打ち取られてしまった。このボールが後に宮田をリリーフ投手として大成させる〝ミヤボール〟の元祖となった。

開幕の一週間前の大毎オリオンズとのオープン戦で宮田は先発する機会に恵まれ、葛城隆雄、榎本喜八、山内一弘、田宮謙次郎らミサイル打線と畏怖された面々を完璧に抑え、完封勝利を収めた。彼は当然自分が一軍の枠に残れるものだと信じていた。しかし、開幕が迫った日、巨人の首脳陣は一軍メンバーを発表したが、そこに宮田の名前はなかった。別所は柴田を一軍に残すことで何とか一本立ちさせようと思ったのである。柴田が一軍に残ったために宮田が犠牲になって、二軍に落とされることになった。

別所は悔しそうな表情をする宮田に向かってこう慰めた。

「イースタンリーグで一勝したら上に呼んでやるからな」

二軍の公式戦であるイースタンリーグはその翌週に行われることになっていた。ところが幾ら二軍で勝ち星を挙げても一軍から声が掛かることはなかった。

宮田はこのときの苦悩を言っている。

「イースタンリーグで私は完封して一勝目を挙げたんです。だけど六勝をするまで駄目だった。一軍では柴田に力を入れて何度も投げさせていたんですね」

開幕戦では新人の城之内が先発した。負けはしたものの阪神を相手に二点に抑える好投を見せて、以後首脳陣の信頼を得てエースとして活躍するようになる。一方柴田は第二戦に先発したがノックアウトされ、六試合に投げても結果を出すことができなかった。二軍で好投を見せながらも燻《くすぶ》り続ける宮田に転機が訪れたのは、偶然にも柴田の不振が原因だった。六月になって、首脳陣は投げるたびに打たれる柴田を投手として諦め、打者に転向させると断を下したのだった。即座に柴田に二軍落ちを命じて、野手になるべく多摩川グラウンドで再調整を命じた。そのとき二軍の投手でもっとも好調を維持していたのが宮田だった。そして前年（三六年）の終盤に関西大学を中退して、急遽巨人に入り、後半戦を投げまくり優勝に貢献した村瀬も肩を痛めて二軍にやってきた。突然一軍の投手枠が二つ空いたのである。

「一軍へ行け！」

宮田に命令が下ったのは六月になってからだった。このときは主に中継ぎ、敗戦処理を中心に二八試合に登板したが、三試合に先発もしている。初勝利は中日球場で行われた中日戦で、初回に森徹にスリーランホームランを打たれたが、以後を完璧に抑えて、終わってみれば二ケタの三振を奪う完投勝利を収めていた。一年目の成績は二勝三敗で防御率は二・五二だった。まだリリーフを本職として起用されたわけではなかったが、防御率を二点台に保ったことは大きな自信になった。

〈プロの打力、それも巨人の攻撃力からすれば一試合まず三点はとってくれる。そうすればこの防御率さえもう少し低くすることができれば、自分の力でも何とか勝てるのではなかろうか、もう少しやれるようになるという希望がわいてきたのである。〉（『ベースボールマガジン』）

巨人の試合ではつねに四万人以上の観衆が詰めかけている。その雰囲気の中でたとえ敗色濃厚の試合であっても多くのファンが途中で帰ることなしに、巨人の反撃を期待して最後まで見守ってくれている。その中でリリーフに出た宮田は勝ち負けにかかわらず最後まで気を抜いた投球はできないことを感じ、それがリリーフ投手のコツに繋がったと言っている。

公式戦も終わろうとする一年目の秋だった。宮田の体に異変が起きて、まだ起用法の決まっていなかった彼の生涯を決定することになった。じつは突然心臓が悪くなり、それを知った川上が心臓外科の権威、榊原医師を紹介してくれたのである。ちょうど川上の奥さんも心臓が悪かったので榊原医師と親しい関係にあったのであった。このときの宮田の症状は脈が一定せずに一分間に一八〇回打ったかと思えば、遅いときは三〇回しか打たないという不安定な状態が続いていた。もともと彼は心臓の発作性緊迫症、心筋梗塞症のために薬を飲んでいた。病気の治療法はないと言われ、発作が起きたら深呼吸をするしか方法がないと以前から医師に言われていた。しかも心臓の鼓動が速くなると息が苦しくなった。血が体に回らないからである。ところが榊原医師は彼の診察をした後にこう答えた。

「宮田君、君の心臓は確かに悪い。激しく脈を打ったり、動いたりして苦しいこともあるだろうが、絶対に止まることはないから心配しないで野球をやりなさい」

この一言が効いた。宮田の気持ちは存分に野球をやれるという安心に繋がったし、川上は榊原医師の報告を聞いて、宮田の特性を活かす方法を考えた。これが彼をリリーフ投手に専念させるという方法だった。

宮田は後に自著で回顧している。

〈監督は長いイニングを投げる先発より、短いイニングの抑えがいいと思われたのだろう〉

（『一流投手を育てる』）

この前後、他チームにも中日の板東英二、広島の竜憲一など主にリリーフを中心に投げる投手はいたが、通常はワン・ポイントか敗戦処理が主な仕事で、ここ一番にリリーフで投げるという意味合いは薄いものだった。大洋の秋山登、大毎の荒巻淳もリリーフに使われたが、これらは先発兼用で投げていたので完全なリリーフ投手ではない。

本格的な〝火消し〟という意味では野球界は、宮田の出現を待たなければならなかった。後に南海のエース杉浦忠も右腕動脈閉塞によってリリーフとして生きる道を選んだ。

川上は選手の適材適所について述べている。彼は心理学、応用心理学、人相、骨相、自分の経験、選手の育った家庭を含めて研究した。その結果の持論である。

〈それから大事なことは、普段はともかく、人間イザ勝負というときには必ず本性があらわれるものです、メッキではははげますわ。だからその人間の本性をみぬいて指導してやることも、その選手の上達の早道ともいえるでしょうね〉

（『ベースボールマガジン』昭和三八年十二月号）

宮田は外見的には大人しそうに見えるが、ピンチに立っても動じない図太さも持っていた。日大の香椎監督も〈宮田ほど努力する男も珍しかった。あれには根性もあるし、主将としてもよくやったし、野球に対しての甘さがなかった〉と認めていた。川上も同様にプロで一年しか経験のない宮田の特性を見抜いていたのである。

彼自身も言う。

「心臓に欠陥があって体力的に弱さがあったのと、体にバネがあったことから、監督が僕自身にフルに力を出させる方法を考えたのですね。リリーフだったら短いからという理由で仕事をやらせてもらったようなものです」

ここにプロ野球初の本格的なリリーフ投手が誕生した。

3　球界初の抑え投手

宮田の活躍を述べるときに必ず昭和四〇年に二〇勝を挙げたことが語られるが、彼自身も言っているように、昭和四〇年だけが彼が活躍したわけではない。確かにほとんどリリーフだけで二〇勝を挙げたことは特筆に値するが、それだけではない。昭和三八年、三九年も大車輪の活躍をしており、セーブポイントの規定があれば、タイトルを獲ってもおかしくない働きをしている。一年限りの活躍をした投手ではない。

彼の実績を年度ごとに追ってみよう。

昭和三八年になると、リリーフ専門として馬車馬のように投げさせられることになるが、活躍の発端はキャンプにあった。同期の城之内は前年に二四勝を挙げてエースとなっていたし、柴田は本格的に打者に転向した。宮田も彼らに負けないように自分を売り出してゆくしかなかった。彼が考えたのはキャンプの初日から速い球を投げ込んで健在をアピールすることだった。通常投手であれば二月のキャンプであれば肩を痛めることを考慮して全力投球はしない。オープン戦を通して徐々に自分の肩をつくってゆく。宮田はその逆を行こうとしたのである。そのためにはオフの間に肩をつくっておく必要があった。

宮田は前橋の実家に帰ってから、自宅の庭にテントを張って、マウンドから捕手の距離までを測って、黙々と投げ続けたのである。キャンプが始まる前には球団から買ったボール一ダースがすべて潰れてしまっていた。

キャンプが始まり全力投球をする宮田に投手コーチの中尾碩志《ひろし》が目を止めた。そして開幕一軍ベンチ入りを果たしたのである。

宮田の起用についてはリリーフと目的がはっきりとしていた。後に八時半の男と呼ばれるようになるが、このときは〝火消し役の神様〟と呼ばれていた。四月二十一日大洋戦に三分の一回、以後二回、三回、一回、三分の二回とショートリリーフ専門に投げることを命じられた。もちろん短いイニングなので勝ち星には関係がない。六月まで〇勝〇敗という成績だけが残った。彼が初勝利を挙げたのは六月の半ばに五回からリリーフしてからだった。結果には出ないリリーフ投手の功績を川上だけは知っていた。

「ショート・リリーフをやる投手は、ほんとにカゲでは苦労しているものなんだよ。そういう意味からも宮田なんかは、ヒーローあつかいにして可愛がってやってくださいよ」

と試合後に報道陣に語っていた。

現在の抑えと違って、宮田の場合は先発投手が崩れると六回から登板して九回まで投げ切ってしまった試合もあるし、わずか打者一人を相手にしたこともある。先発、中継ぎ、抑えという役割が確立した今の野球と違って、中継ぎ、抑えの役を一人でこなさなければならなかった。元横浜の佐々木主浩などのように一イニング限定の抑えではなく、リリーフ登板時の平均投球のイニング数は二回三分の一にまでなっていた。

その中で彼の威力を発揮したのが〝ミヤボール〟という落ちる球だった。これにはどのチームの主力打者も手こずった。ミヤボールとはボールを手から離す瞬間に、鋭い回転を与えることで、速く小さく曲がったり、鋭く落ちたりした。ボールは打者の手元で鋭く変化するが、球場に吹く風が三塁側から一塁側へ行くと、左に変化したし、逆の風向きだと右に曲がった。ホームベースからマウンドに強い風が吹けば、ボールが二個分も大きく落ちた。

この投げ方は彼が現役引退するまで誰も見破れなかったと言われるが、彼はその秘訣について語ってくれた。

「僕は手も小さいし、体も小さいから、ミヤボールは特殊ボールと言ってもいいのです。とにかく特殊に捻って、ボールがいろんなところへ落ちたり、速いスライダーにもなったり、速いストレートと同じボールで落ちるから、空振りがとれました。バランスもあったから、コントロールもよかった」

宮田は中学のときからグリップをポケットに常備していつも握力を鍛える習慣があった。右の回数をこなせば、左手に持ち替えて両方の手の握力を鍛えた。さらに軟式テニスのボールを握ることで指の力もつけた。鉄アレイを回すことで手首も鍛えた。握力と手首と指の強靭な力が養成され、カーブの握りから少しずらすだけでボールが微妙に変化するようになった。腕や指の捻りはドロップよりもさらに深く捻る。これがミヤボールの要因である。宮田に言わせれば「シンカーに近いカーブ」という種類の球である。彼は巨人の選手には投げ方を教えたのだが、手首の強さを必要とするため誰もが肘を痛めてしまい習得できた者はいなかった。

このボールがもっとも威力を発揮するのは昭和四〇年であるが、この時点でも川上は落ちるボールの魅力に気がついていた。

「宮田の落ちる球はセ・リーグでナンバー1のレッテルを貼ってやりたいね」

川上は王が本塁打を打って勝った試合も、試合の後半からリリーフに立った宮田をヒーローに指名するほどの褒めようであった。

宮田は言う。

「一年目はほとんどがリリーフだったですね。四七試合を投げていますから、結構チームをしょって投げていましたね。肘が曲がるくらい投げました」

彼の出番は、チームのピンチあるいは接戦のときと相場が決まっていたから、〈男としてのやりがいはあるが、肉体的にも精神的にもとても疲れる商売〉だと認識していた。そのために熟睡、栄養の摂取、精神の安定という正しい生活態度に気を配った。先発投手のように投げながら徐々に調子を上げてゆく余裕はない。マウンドに上がった瞬間から最高の状態で投げることが求められる。

宮田はリリーフに専念してから、ウォーミングアップを五～六分やれば調子を上げることができるようにもなった。球数にすれば交代の直前に一〇球から二〇球のキャッチボールで準備ができるようにもなった。準備はしていても登板が回ってこないときもある。先発投手がピンチの連続で今にも崩れそうになりながら持ちこたえる試合もある。

〈先発投手が四、五回ころからピンチの連続で、こちらもそれに合わせて準備していたのに、とうとう完投しちゃったというようなゲームが二日も続くと、登板したときよりかえって疲れが残って、グタッとします。おそらく気分的に、イライラするからでしょう。

こんなときは「1イニングでよいから、投げさせてほしいな……」と内心思います。それによって気分がスカッとするからです〉

（『週刊ベースボール』昭和三八年十一月四日号）

無死か一死で三塁に走者がいるときなど、外野フライも打たせず、三振か内野ゴロに仕留めなければならない場面がやってくる。そのときミヤボールが威力を発揮した。天候、風によって変化の具合が左右されるボールは打者にとって脅威の的であった。

二年目の三八年、宮田は四七試合に登板して先発は一試合のみ、後はすべてリリーフであった。そのうち二五試合は「交代完了」で試合の最後まで投げ切っているから、セーブポイントがあればかなりの数になったに違いない。交代完了の数はリーグトップである。成績は六勝四敗、防御率は一・八八で、投球回は一一〇だから、規定投球回数に届きそうな多さである。先発した試合は、九月十二日の中日戦で二位中日に三ゲーム差まで迫られたときの崖っぷちに起用されたものだ。五回を投げて二失点に抑え、勝利投手になっている。

宮田は三八年を振り返って言う。

「今だとセーブが三四くらいは行っていると思います。この年は心臓がどこも悪くなかったんです」

このときの宮田の目標は防御率〇点であった。三八年は地味ではあるがセーブが適用されれば、かなりの数になり、四〇年を凌ぐ成績になっていたであろう点は評価されてもよいだろう。

川上も言う。

「宮田は六勝だが、一五勝以上の価値はあるよ」

この年「ON砲に一発がない日があっても宮田がブルペンにいないときはない」と言われるほどタフネスぶりを発揮した。「飯が食えないのが辛いよ」と彼は頬がげっそりと落ちた顔で周囲に冗談を洩らした。試合中はいつお呼びがかかるかわからない状態だったから、常に肩をつくってブルペンで待機しなければならない。特にシーズン終盤になるとダブルヘッダーも増えてくるから、お昼を済ませると、二試合が終わるまで食事ができなかった。そこまで態勢を整えて待機していても登板の機会のない日もあった。

この年、巨人はペナントレースを制し、日本シリーズも西鉄ライオンズを四勝三敗と下して二年ぶりの日本一になった。

シーズンが終わると宮田は長野県の霊泉寺にこもって神経痛に効く温泉に入って一カ月間湯治を行った。キャンプでは一時肘の筋を痛めたものの、三九年のシーズンが始まると調子を取り戻し、湯治の効き目もあって序盤から快調な投球を続けた。

四月十一日の阪神戦の八回裏に宮田の出番はやってきた。三対一と巨人がリードしていたものの、先発城之内が突然打たれ三対三の同点に追いつかれてしまった。なおも阪神は二死満塁と巨人を攻め立てる。ここで川上は宮田を指名した。無表情でマウンドに向かう宮田は、ゆっくりとウォーミングアップを放ると五番藤井を打席に迎えた。ここで宮田は終始冷静な態度でカウントを一気に追い込み、最後はミヤボールで空振りの三振に切って取った。さらに九回も三者連続三振に取って、初勝利を挙げた。

川上は言った。「宮田が八回の満塁で藤井を三振にとったあそこが一番の勝負どころだった。うちのバッテリーは実にうまい攻め方をしたね」(『報知新聞』)。

四月二十九日の大洋戦では五回一死満塁からリリーフに立ったが、ポパイこと四番長田幸雄を三塁へのファウルフライ、五番クレスを右打席に迎えた。得点は大洋が三対一とリードして、もう一点もやれない場面での宮田の登場だった。外野フライも許されない状況での投球だったが彼は踏ん張った。打ち気にはやるクレスに対して宮田はまず真ん中高目から落ちるミヤボールを投げた。これはクレスの出方を見るための誘い球だった。打ちごろの球と思ったクレスは思い切りバットを振ったが、ホームベース手前で落ちるボールに空振りをしてしまった。これでクレスの気負いを見抜いた宮田と森のバッテリーは二球目を内角高目へシュートを投げバットを振らせようとした。これはクレスもぎりぎり踏ん張ってボールを見送った。

カウントは一―一となって、三球目は一転して外角低目へカーブを投げると、クレスはバットを出そうとする。だがハーフスイングでぎりぎりでバットを止めた。前の外角の球でクレスはホームベースに近づいて立っていた。宮田はその変化を見抜き、四球目は外から一転して内角へのシュートを投げると、内角寄りに立ったクレスは手が出ない。二―二。ここで宮田と森は一気に勝負に出ずに、さらに内角へのシュートを投げた。これはクレスの体に近い球で、腰を引いてボールを避けた。クレスの位置が、内角攻めで次第にホームベースから遠くなってしまった。これで宮田はフルカウントから外角低めに外れるカーブを投げると、クレスは空振りして三振になってしまった。相手打者の打席の位置を読んだ頭脳的な投球だった。

ピンチを切り抜けた宮田は勝ち投手となって四勝目を挙げた。クレスを三振に取ったときは、マウンドを降りてベンチに向かう際に膝は緊張のため震え続け、まともに歩けなかったという。

先発しても五イニングスが限度と言われた宮田も、五月に入るとリリーフだけではなく、先発を務めなければならなくなった。城之内、伊藤など主力投手の調子が思わしくなく、投手の駒数が不足してきたからである。その間巨人は三位に低迷していた。今頼れる投手は先発、リリーフを合わせて宮田一人しかいなかった。彼は五月十三日に金沢で行われた大洋戦に先発した。五回までは思い切り投げて、直球で押しまくり、六回からは丁寧にコースを突くという投球に切り替えて、大洋を四安打に抑える完封勝利を挙げた。彼にとってはプロ入り初めての完封だった。さらに十七日も先発だった。その前日にリリーフで投げながら、疲れも見せずに広島を相手に九回を一点に抑えたが、打線は彼の力投を見殺しにした。散発四安打の好投にもかかわらず一対〇で巨人は敗れた。

二十一日の中日戦も宮田は延長十回を一人で投げぬいたが、最後に力尽きて二点を許して負け投手になった。延長まで投げても救援の仕事は回ってくる。周囲でも彼の登板過多を心配する声もあったが、まだ二四歳の彼は若さに任せて投げ抜いていた。だが彼の体は限界に達していた。この時点で六勝四敗、防御率はトップだった。さらにはオールスターのファン投票も一位とプロ入りしてもっとも順調な歩みを続けていた。

異変が起きたのは五月二十三日の阪神戦だった。この日も先発投手として登板した。六対〇で迎えた四回裏。一死一、二塁のピンチとなったとき、打席には吉田義男が立っていた。二―一と追い込んで、四球目を投げたときだった。球を離した瞬間、右肩に鈍い痛みが走った。彼の耳にも筋肉が断裂する音がかすかに聞こえた。顔をしかめたが、もはや手当ては遅かった。右肩の半脱臼であった。

宮田はこのときの出来事を語っている。

「筋肉を鍛えているときに脱臼をすると、骨と筋肉に空きができるんです。痛くて、二カ月は投げられませんでした。私の父もこの脱臼で野球を辞めていました。親父が〝肩抜いちゃうところで野球は終わりだよ。野球辞めて群馬に帰って来い、これだけできればいいじゃないか〟と言ったんです。さすがにもう駄目かと思いました」

結局三九年の成績は三五試合に登板して七勝五敗、防御率二・三二だった。それでも家族としては二年目もよい結果を残したし、三年目も怪我でリタイアするまではファン投票も一位だったし、思い残すことはないだろうという配慮だった。だが宮田も群馬県上州人の気質を受け継いでいた。いわゆる〈かかあ天下とからっ風〉。男は向こう気が強く、勝ち気で荒っぽいという県民性である。「もう辞めてもいい」と諭されるたびに、彼は「癪だし、もう一回野球をやってやろう」という気持ちになった。

このときから本格的なリハビリが始まった。三九年は巨人は優勝を逃し、三位という成績に終わるが、群馬に帰るとさっそく復帰のためのトレーニングを始めた。宮田はなぜ肩が抜けてしまったのだろうと考えた。彼は自分のフォームに原因があるのだと思った。

「結局投げ方が悪かったんです。自分のはきれいなフォームじゃなかったですから。すぐに右手が上がって、肩の力だけで投げていた。だからシャドーピッチングをやりながら、肩の筋肉をつけるために鉄アレイとエキスパンダーで鍛えました」

鉄アレイは宮田の父が自分で作った四キロの重さのものがすでにあった。痛めた肩の周囲に筋肉を平均してつけるようにした。宮田製作所の南側には地下への道があった。その土地を使ってスコップで地面を掘り、四角のテントを張り投球練習ができるように作った。投げる的には墨で印をつけて目標にした。ボールも巨人から一ダースを買って最初は的から二メートルの位置からゆっくりと投げた。午前中百球、午後百球が日課となった。肩が張ってくると三メートルに距離を伸ばして投げる。十一月末から始めていたが、やがて投球練習ができるようになると従兄弟にボールを受けてもらった。次第にボールが速くなって、コントロールも定まってきた。シュートなどの変化球もキレが出てきた。大学時代から宮田の球を受けていた従兄弟が最後には「ボールが怖い。もう捕るのは嫌だ」と言い出したという。奇跡的な回復であった。

昭和四〇年の二月のキャンプではすでに肩も出来上がった状態で参加したので、初日から全力投球を行って首脳陣を驚かせてしまった。一軍のメンバーにも選ばれた。さらに投げ込みだけでは満足しない宮田は、キャンプ開始初日からフリー打撃の投手をやらせてくれと申し出た。このとき野手も投手の生きたボールを打っておらず、簡単なトスバッティングを繰り返しているだけだった。投手の一番手でマウンドに上がった宮田は突然全力投球で放り出した。驚いたのは打者であった。フリー打撃一日目でまだバットも十分に振り切れていないところに宮田の球は余りにも威力がありすぎた。ほとんどが見逃し、空振りと、ファウルチップばかりで三〇球を投げて内野を超えた打球はひとつもなかった。

この勢いを持続したままキャンプ中盤まで来た時に有料の紅白試合があり先発として登板した。ここで再びアクシデントに見舞われる。ぎっくり腰をやってしまったのだった。

宮田は言う。

「フリーバッティングの初日でびゅんびゅん投げて川上監督も使えるんじゃないかと思われたみたいです。紅白戦で投げて、ぎっくり腰をやったときは今年はこれで駄目かと思いましたが、ちょうどそのシリーズのオープン戦が温泉巡りだったのが幸いしました。温泉で治療できたんですね」

オープン戦の日程が熊本や大分を中心に組まれており、トレーナーが付きっ切りで面倒を見てくれ、熊本県の菊池温泉にも浸かって治療をすることができた。開幕の一週間前に南海とのダブルヘッダーが組まれていた。この年から投手コーチになっていた藤田元司は、宮田を先発で使おうと川上に提案した。この年の先発投手は国鉄から移籍した金田正一、城之内邦雄、中村稔といたが、四人目の投手が不在だった。これではペナントレースを乗り切れない。どうしてもあと一人先発投手が必要だった。藤田は恐る恐る川上に切り出した。

「南海との二試合目、宮田を先発させたらどうでしょう」

そのとき川上は顔を真っ赤にして怒った。

「宮田が先発したら、誰がリリーフをするんだ。彼がリリーフをしないと巨人は優勝できないんだ」

川上が監督に就任して以来の成績は優勝（三六年）、四位（三七年）、優勝（三八年）、三位（三九年）と、一年越しの優勝を繰り返してきた。中でも二年目の四位は巨人が創立されて初めてのBクラスであり、やはり全体を通してみれば不安定な結果であった。五年目の四〇年は何としてでも優勝をしなければならなかった。

宮田は開幕八日前の東映フライヤーズ（現日本ハムファイターズ）戦でリリーフに立って三回をノーヒットに抑えた。この時点で宮田はリリーフ一本でゆくことが決められた。

宮田は言う。

「四〇年はどうしても優勝しなければならない年でした。そのためにはリリーフが必要だったんです。私は三回、打者一巡はぴたっと抑えてくれと言われました。そこから私の仕事が始まったわけです」

川上の脳裏には一九五九年に米大リーグのパイレーツにいたロイ・フェイスという投手の存在があった。彼は救援だけで五七試合に登板して一八勝一敗の成績を挙げていたが、日本ではこのような投手の起用は未開拓の分野であった。

4　八時半の男

この頃の試合形式は、月曜日が休み、火曜日がシングル、水曜日ダブルヘッダー、木曜日シングル、金曜日が移動日、土曜日がシングル、日曜日がダブルヘッダーで、一週間で七試合を行っていた。川上は七試合のうち五勝を必ず取るという計算を立てた。ここを金田、城之内、中村稔、伊藤ら四人の先発投手で回し、宮田をリリーフに専念させるという方法を取った。本来であれば五人の先発投手が必要だが、五人目に誰か調子のいい若手をつぎ込んで、早めに宮田への継投に切り替えて、接戦をものにするという考えだった。

「確実に七試合を五勝、悪くても四勝という組み立てで投手起用を行ったわけです。一点差試合で登板することが本当に多かった。早い回でも同点のチャンス、一点差で勝っているときでも、負けているときでも走者が二塁へ行くと、すぐに私の出番となった。リリーフと言っても六回とか七回投げたこともある」

と彼は回顧するが、つねにベンチ入りして、いつでも投げられるように待機していなければならなかった。周囲は「川上は宮田を酷使して潰した」と噂したが、宮田はきっぱりと否定する。

「川上監督が僕自身にフルに力を出せる方法を考えてくれたわけだから、感謝しています。心臓に欠陥のある僕に仕事をさせてくれたのですから、今野球に関わる仕事ができるのもそのお陰だと思う。酷使だというが、そんなことはないです」

昭和四〇年の宮田の活躍を振り返ってみたい。

この年の巨人は開幕後二連勝した後は、いきなり五連敗という嫌なスタートを切った。一八試合目になってようやく四位に浮上したという苦しいレースを続けていた。そんな中、四月十一日中日戦で伊藤、種部と繋いで六回まで凌いできた巨人は、七回の表から宮田をリリーフに送り、三回を無失点に抑え、今季初勝利を挙げた。その後阪神戦で打たれたものの、十八日の中日戦で七回から高橋明をリリーフ、一点差を守りきった。さらには二十八日の大洋戦では先発して七回を投げ勝利投手になっている。この間、宮田は四月は一二試合に投げていた。

五月に入ると疲労から、広島打線につかまったときもあったものの、下旬になると調子が上向いてきた。十八日の産経（現・東京ヤクルト・スワローズ）戦では追い上げられた七回表に登板した。二死走者一二塁で打者は四番豊田泰光の場面で宮田はマウンドに上がった。豊田を一塁へのファウルフライに打ち取ってピンチを切り抜けると、八、九回は三人ずつで片付けて火消し役をまっとうした。金田は宮田の投球を見て言った。

「全盛期の稲尾の小型や。球威もあるが絶妙な制球力は天下一品。久しぶりに見た投手らしい投手やな。ワシら一六年やっとっても見習う点がかなり多いで」

リリーフに専念したものの、投手陣の駒数の不足は覆いがたく、要所要所では先発も命じられる。とくに金田が肘を痛めてリタイアしたため、二十二日の大洋戦ではシーズン二度目の先発が回ってきた。九回一四一球を投げたが、最後に力尽きて打たれ、負け投手になっている。

ここで前半戦最大のヤマ場がやってくる。五月二十九日の中日戦は激しい雨だった。宮田は終盤の二回を抑えて、チームの勝利に貢献し、首位大洋に一ゲーム差まで迫ってきた。翌三十日に再びリリーフで勝って、大洋に半ゲーム差となった。そして六月二日に阪神に勝って待望の首位に躍り出た。この間巨人は七連勝と破竹の勢いを見せたが、宮田は六試合に登板していた。
六月十日の段階で宮田は巨人の試合四三試合中、二二試合に登板するという多さだった。この間の成績は七勝一敗で、勝ち星の数はリリーフ投手の挙げる成績を超えていた。報知新聞は彼の過酷な投球を〈酷使〉と呼び、〈救援専門がはっきり決まっている米大リーグの監督でも、この数字を見たら、両手をあげ、肩をすぼめて口笛のひとつも吹きたくなるに違いない〉と書いている。彼にとっては昨年までの常にベンチ入りをさせられていた状況よりも、この年は試合の後半が中心のマウンドとなっていたため、精神的にもずいぶんと楽であったという。出番が来たら軽く体操をやって時間にして五分、球数にして二十球を放れば肩は十分に出来上がった。マウンドに上がるときも持病である心臓の鼓動が速くなるときがあった。そんなときは深呼吸をして気持ちを落ち着かせた。もともとが国定忠治を生んだ群馬の出身だから、肝は据わっていた。六月半ばになるとすでに八勝を挙げ、ハーラーダービーのトップに立った。しかもダブルヘッダーでありながら二試合続けて救援をしたときもある。彼のお陰でチームの先発投手の投球も一段と引き締まった。

〈宮田は決してエキサイトしない。水のように冷静そのものだ。打者のペースには絶対といっていいほど巻き込まれない。自己のペースに打者をはめ込んでしまう。一球ごとに投球のテンポが違う。ロッキング・モーション（引用者注・投球動作に入る前に手足を動かし、反動をつける）のときも打者のタイミングをくずすことに苦心しているが、走者が出るとこれがいっそう激しくなる。ギリギリの線まで両腕をセットしたままで打者をじらしにかかる。そのがまん強さは味方のバックまでが気をもむくらい。〉（天知俊一『報知新聞』）

つねにポーカーフェイスを崩さず、どんなピンチを迎えても冷静さを失わず、頭脳的な緻密な計算による投球を披露する。そこに宮田の魅力があった。

彼はリリーフの要諦について語っている。

「リリーフの条件はスピードでも球の変化でもないのですね。まずコントロールです。投げる球に困ったらアウトコース低めに投げればいいのです。この球をホームランにする人はいない。ヒットも打ちにくい。次に空振りを取れる球があるかということです。アウトコース低めから落ちる球は空振りを取れる球です」

この当時の球場は現在の照明灯ほどの明るさがなかった。蛍光灯の半分ほどの明るさで、白い灯りではなく黄色い電気であった。その中でも川崎球場はとくに暗かったし、甲子園球場や後楽園球場もそれほど明るくはなかった。上半身よりも上だとよく見えたが、下になると影と光の弱さで見えにくかった。ボールにしてもすべてが鮮明に見えるわけではなく、上部分の半球しか見えない。宮田は球場の光の条件を投球に利用しようとした。ボールの上半分しか見えないということは、落ちる球を投げれば打者は軌道がよく見えないから、面白いように空振りをした。ボールの上面を下に向かって叩かないと内野ゴロになると言われていた時代であった。球を高めから低めに落とすと消える魔球のように打者には感じられた。地の利を得てミヤボールは威力を発揮したのである。

宮田の基本的な攻め方のパターンは初球ほとんどボールから入った。たとえ走者が塁上にいてもその攻め方は変わらなかった。ボール、ストライク、ストライクと打者を追い込んで、一球ボールで遊んで、二―二のカウントから勝負を賭けるというのが常道だった。状況によって初球をストライクから入るときもあった。そのときは二球目は必ずボールを放って、打者をじらす。三球目にストライクを取って追い込むと、四球目はボールを投げて、同じく二―二のカウントにする。ここで勝負をするというパターンであった。初球をボールやストライクにしても必ず二―一に追い込んで、一球遊ぶという方法で、五球目でアウトにするというのが必勝パターンであった。

つまり〈五球先に投げる球まで考えて、そこから遡って一球目から組み立てる〉というのが基本路線だった。

宮田はさらに付け加える。

「通常ランナーがいますから、その間にボールを一つか二つ入れて、牽制も入れておかないと盗塁されてしまいます。捕手の森（昌彦）さんも送球がよかったし、盗塁をされてないんですね。さらに同じ球種で同じコースは三球続けては投げないようにしました。例えばインコースばかり投げると単調になって打者も打ちますからね。必ず一回ボール球で打者の視線をずらしておいて、自分の投球パターンで投げていました」

　ちょうど森もレギュラーになって七年目で捕手としてもっとも脂が乗っていた。宮田と森は基本的に攻め方は同じ考えを持っていたので、森のサインにほとんど首を振ることはなかったという。森の配球はアウトコース低めを軸に構成していた。宮田には遊び球であっても、確実に低いコースに要求した。

　たとえばストライク、ボールにかかわらず、一球目から五球目まですべてをアウトコース低めで押し通した試合もある。六球目などに一度インコースで遊ぶと再びアウトコース低めに投げて内野ゴロに打ち取るという方法である。しかも投球と投球の間のインターバルをとても長く保つようにしたので、守っている野手はいつまでも低く構えていなければならずタイミングが取りづらかった。ショートを守っていた広岡達朗は「あまりにも長いから構えていて腰が痛くなった」とぼやいた。

「ミヤボールは初球からも使いました。ノーアウト満塁のときは絶対に三振を取らなければいけません。これは落ちるボール（ミヤボール）、落ちるボール、インハイのストレート、三度落ちるボールで三振です。落ちるボールで勝負しますから内野ゴロを打たせてダブルプレーにもなるし、内野フライというケースもあります。ツーアウトであれば外野フライを打たれてもいいですが、ノーアウト満塁ではそうもいきません。絶対に余裕のない状態ですから、迂闊にストライクを取りにいかないようにしました。ストレートだったらボールのコースから、ストライクだったら落ちるボールから、そういう攻め方をしました。ワンアウト満塁であればダブルプレーを取るために落ちるボールで内野ゴロを打たせるようにしました。どうしても三振を取らなければいけないときは思い切ってインコースを突くこともありました」

と宮田は語るが、カウントの要所には外角低めにミヤボールを投げ、遊び球で内角高めに散らす。最後は三度ミヤボールで仕留めるという具合で、ストライクを投げるにしてもボールのコースから入って来るというふうに、つねにコースを散らし、真っ正直に攻めないという打者の心理を逆手に取った投球を心がけた。

宮田は相手打者の足の動きを見ることも欠かさなかった。両足のバランスの掛け方の違いで、打者の狙っているコースが読めたため、その逆のコースを投げるようにした。

リリーフ投手に重圧感は付きものだが、宮田はふだんの投球練習から〝ノーアウト満塁、バッターは大洋桑田武〟〝ノーアウト一三塁〟という状況を頭に描きながら、攻める練習を行ってきた。自宅を出るときも、誰がヒットを打って、誰にフォアボールを与えたなどの試合での状況を描きながらイメージトレーニングをしながら、球場へ向かった。試合では事前のイメージどおりに投げればよいわけである。それともっとも大切なことは試合の緊迫した展開で投げるわけだから、相手に飲み込まれない集中力であった。

「自分を優位にするために、マウンドに上がってもすぐに投げないで、プレートの二メートル前から二球投げていました。三球目は逆にプレートの後ろからです。前足が高い傾斜に掛かることになりますから、思い切り投げられません。膝のクッションがなくなるからです。だから踏み出した左足のクッションがとても大事で、不安定な構造の中でどう投げるか工夫をしました」

リリーフ投手にとってはいざマウンドに上がってからのウォーミングアップが勝負となった。ウォーミングアップはマウンドでは八球しかない。ふつうの投手は肩慣らしのためにゆっくりと放るが、リリーフ専門の宮田はそうはいかなかった。瞬時に肩を作る必要があるから、ウォーミングアップの球も貴重な練習となった。八球を真剣に投げることで、準備不足でも呼び出しがかかれば即座に対応することができた。アウトコースに二球、残りは変化球を投げた。

宮田は語る。

「ブルペンでしっかり肩を作っておくと四球でも大丈夫のときがありました。ふわっと投げたりしないで試合と同じ球を投げるのです。基本はブルペンです。精神的な動揺も焦りもないようにしてマウンドに出てゆく。自信というのはリリーフの条件ですね」

昭和四〇年の六月の半ば過ぎた頃だった。当時毎週月曜日の夜八時から「月曜日の男」というテレビドラマが放映されていた。後楽園球場の場内アナウンス嬢の務台鶴《むだいつる》さんが、宮田に何気なく話しかけた。

「〝月曜日の男〟というドラマがあるけど、宮田さんは八時半ごろ登板するから〝八時半の男〟ね」

この会話を報知新聞の記者が聞きつけて紙面に書いたのがはじまりだった。六月十九日付の報知新聞には「宮田のすべて」というタイトルで一面特集を組んで、彼がブルペンで投球をしている写真を掲載している。その見出しには〈黙々と〝八時半の男〟〉と書かれてある。このときが初めて公にニックネームが出たときだった。

「今でも厚かましくもサインに〝八時半の男〟と書かせてもらうんだけど、当時は恥ずかしくてね。でもこのときはニックネームのつく選手ってそんなにいないわけです。長嶋さんのミスタージャイアンツ、川上さんの赤バット、ニックネームをもらったのは一生懸命やったからで今でも感謝しています」

照れ臭そうに宮田は笑った。さて、彼の力量について評論家たちはあれこれと分析をし始めた。日本初のリリーフ投手ということで物珍しさもあったのである。

別当薫は宮田の投球を「高低の変化を上手く利用した投手」と分析した。胸元に速い球を投げると、次はストライクゾーンからボールになる落ちる球を使うという具合にである。同時に「大切なことは監督は終盤の優勝争いを除いて宮田に先発をさせないことである。あくまでリリーフ専門にすることだ」と忠告もしている。さらには宮田が成功すれば「徹底的なリリーフ・ピッチャーが日本で初めて生まれようとしているわけで、これが成功すれば、自然と先発、救援の投手ローテーションができてくる。エースの酷使もやがてはなくなるだろう」と予言した。四〇年後の野球界は事実別当の言ったとおりになった。どのチームも先発、リリーフという分業制度が確立し、当然のようにリリーフ専門投手のいないチームはどこにもない。

だがこの時代にリリーフ投手の存在がすんなりと受け入れられたわけではなかった。日本で最初の完全試合を達成した中上（旧姓藤本）英雄は宮田の起用方法を〈絶対に反対だ〉と論じている。理由としてはリリーフ投手がいることで他の投手にがんばり抜く気持ちがなくなってしまう点と、大リーグでもリリーフ専門投手を使って優勝したチームはごくわずかということから、優勝を狙うチームの投手の立て方ではないとし、日本でもまねするチームが出てくるが常道ではないと言っている。

賛否両論が錯綜する中、宮田は黙々と投げ続け、九勝を挙げてハーラーダービートップ、防御率も一・六九とこれもトップの地位を保っていた。

朝七時半に目を覚まして、野菜ジュースを飲んで、八時頃にまた眠る。十一時に再び起きると、新宿の小守マッサージで全身をもみほぐしてもらい、午後一時半に戻ると、冷やし蕎麦とカンガルーの尻尾のスープを飲む。ここから二時間の昼寝。球場へは歩いて五、六分の距離だが、体力の消耗を防ぐためにタクシーで通う。試合が終わって一枚千円のヒレ肉のステーキに牛のタン、イワシの塩焼きを食べるというのが生活パターンだった。

主力打者は一様に、彼のことをコントロールがいいと口を揃える。報知新聞のコメントによればこうである。

阪神の山内一弘は〈宮田は落ちる球がいいというので惑わされていたが、手のでないのは外角いっぱいの速球だ。宮田の外角球を打たないことには攻略は難しい〉、大洋桑田武は〈打てそうで打てない不思議な投手だ。球威はそれほどでもないがコントロールがいい〉、中日江藤慎一は〈宮田の一番の強みはなんといっても、ねらったところへピタリと投げこむコントロールのよさだ。それにきめ球である落ちる球の使い方がとてもうまい。追いこまれてから、落ちる球をねらい打つのはたいへんだ〉などと語っている。

落ちる球と無類のコントロールの良さが宮田の持ち味といったところだが、本人はどのように意識していたのだろうか。

「僕はスピードはありました。剛速球じゃないけど、ボールの切れ味です。刃物で言えば僕のボールはカミソリだと思います。ドン！　と来るボールよりシャキッと切れるボールを投げようとしました。カネさんが〝宮田のボールは一六四キロ出てたんじゃないか〟と言いましたが、一五五キロ平均はいったと思いますね」

彼はそう語るが、もう一つの武器は彼独特のフォームにも原因があった。宮田は典型的なオーバースローの投手であるが、投球動作のときに、ボールを持った右手を頭の後ろに持ってくる。そのとき打者には一瞬だが、宮田のボールが見えない時間ができてしまう。さらに体を回転させながら、最後の最後まで粘ってボールを投げないから、打者としては球の出処が見えず、非常にタイミングが取りにくくなる。投手の頭の裏からボールが出てくるように見える。

今日の現役投手にたとえるなら、ソフトバンク・ホークスの左腕投手である和田毅を思わせるようなボールのリリースが見づらい投手であった。その中で広島の森永勝也だけにはよく打たれた。森永は宮田に対して六割六分七厘の打率を残している。宮田はインターバルを一生懸命長くして、タイミングを狂わそうとしたり、落ちるボールを駆使して何とか打たせまいとしたが、通用しなかった。

宮田は後年、森永に「どうしてそんなに打てたんですか」と尋ねると、こう答えたという。

「宮田さんは、セットポジションが長いだろう。そのとき僕は下を向いているのよ。そろそろ投げるだろうというときに君を見て、打つのよ。そうするとタイミングが合う」

この話を聞いたときに宮田は苦笑するしかなかった。間を長くしてタイミングを崩そうと思っていたのに、相手は意に関せず眠ったように下を見ているだけだった。どうりでいいポイントで打たれるはずだと思った。

四〇年のオールスターゲームは七月十九日から行われたが、このときの投手部門のファン投票一位は宮田で四万三〇四四票を獲得した。二位の阪神村山におよそ一万一千票差をつけて、このときの成績は一一勝一敗、防御率は一・七三というすばらしいものだった。第一戦では三回からリリーフして打たれてしまったが、第三戦では八回から延長一〇回まで三イニングスを投げて奪三振四を取って「優秀投手賞」に選ばれ、ファンの期待に応えた。

あるデータがある。昭和四〇年九月十日現在のものだが、このとき宮田は巨人の全試合数の過半数の五七試合（内訳は救援五五、先発二）に登板していた。巨人は首位こそ走っていたが、チーム状態は決して芳しいものではなかった。本塁打は前年よりも四〇本以上減っていたし、得点力も一試合四点から三点に落ちていた。これをカバーするのは投手陣だが、完投の数は一九と少なく、先発投手の一試合平均の投球回数は五回三分の一で、早い回に降板していることが証明される。これを救ったのが宮田ということになる。巨人は一点差勝利は二四回あるが、このうち二二回を宮田の手を借りている。しかも五五試合のリリーフ登板のうち最後まで投げきった交代完了が四二試合もある。

宮田の投球をデータで分析すれば、一試合平均に与えた四球は一・四と少なく、ここからもコントロールの良さが示されている。彼は落ちる球を駆使するから内野ゴロが多いように思われるが、フライに打ち取る当たりが多かったことも記録に残っている。内野ゴロは一〇七、フライは一六九と圧倒的に多い。これは何を意味するだろうか。

宮田の速球は本人が〝カミソリ〟と表現するように威力もあり、打者の手元で鋭く伸びる。決め球にこのボールを相手の胸元に放れば、勢いでホップする。そのため、打者はボールの下を叩くことになり、フライになってしまうのである。一方三振を狙うときは落ちる球で勝負した。そんな宮田を中日ドラゴンズの監督西沢道夫は「戦後最高のリリーフ投手。沈着、勇気、技術とリリーフ投手としての条件をすべて兼ね備えている」と評価した。ピンチでも冷静にマウンドに上り、逃げずに思い切って大胆に攻める。そしてコントロールという技術もあるという点を評したのである。

宮田本人は野球雑誌（『ベースボールマガジン』）に自らの理想の投球術を語っている。

〈ぼくは投手の最高の芸は、一球で勝負することだと思うんです。だから九回で二十七球でうちとることですね。つまり打者の打ちたいと思っているところへ投げこむ。しかもそれでいてタイミングを狂わせて凡打にしてしまうわけです。それには投球に内面的なものが加わってこなくては駄目でしょうね。〉

一方で、自分の目標として稲尾和久が持つ救援完了の記録を抜きたいと挙げている。その意味でチームに対する貢献度であるセーブポイントの実績をつくらなければと言ってもいる。これからの野球にはリリーフの役割が重くなってくるから、その役割を担う投手のためにという視点で語ったのである（これより九年後の昭和四九年に宮田の予言どおりセーブポイントが導入され、セーブ王というタイトルがつくられた）。

監督の川上は宮田の活躍についてこう語っている。

まず今季のリリーフ専門としての起用について「必然性から生じたリリーフの役割」としたうえで「これもひとつの天の運、時の運というものであるかもしれん」と述べている。

宮田は味方のエラーで点を取られても「エラーさえなければ」と野手を責める気持ちにはならず、「ここで相手を牛耳ろう」と前向きに考える男であった。彼のふだんの感情を表に出さない冷静沈着な面と合わせて、川上は言う。

〈まだ若いのにあれだけのものの考え方ができるというのは大変な大人ですよ。むしろ野球社会にはもったいないくらいで、もっと広い社会に出して働かせてみたいくらいだな。

ただ今はのびざかりのいわば表の状態だから、これが落ち目のいわば裏の時になって、初めて本当の人間味というものが出てくるわけで、その時がむずかしいな。しかし彼を採用したのは精神面での粘り強さということが大きな理由なんだ。この点は長らく学生を指導してこられた香椎監督（筆者註：日大監督）がタイコ判をおされたことだからね。〉（『ベースボールマガジン』）

実際宮田は後に怪我、故障に苦しまされて現役生活を終えることになるが、川上の指摘どおり、〝裏の時〟になって、彼の人間性はいっそう磨かれ、指導者としての資質が伸ばされることになった。

昭和四〇年もすべてが順風満帆というわけではなかった。六月二十三日の大洋戦では五回裏からリリーフに立ったが、五番長田を迎えたときだった。一球目は空振りのストライク、二球目を投げると、愛称ポパイと呼ばれる怪力の長田は目いっぱいバットを振った。真ん中の落ちる球だった。打球は強烈なライナーとなって地面を這って伸びてきた。気がつくと宮田の右膝を直撃していた。

グローブで払う間もないほどの一瞬の出来事だった。彼は衝撃の余り、腹ばいになって倒れこんだ。ボールは宮田に当たった勢いで三塁前に上がった。川上監督やナインがマウンドまで駆け寄り、相手の大洋ベンチも近藤和彦や打った長田も駆けつけるが、宮田は顔をしかめたままうつ伏せに倒れて身動きも取れなかった。起き上がることもできなかったので、担架に運ばれてすぐに医師の許に運ばれたのである。チームのドクターでもあった吉田接骨師はすぐに治療をすると、奇跡的に二、三日で回復させた。事故当時守護神を欠いた巨人ナインは茫然と立ち尽くすしかなかったのである。この試合は七対八で巨人は負けた。

当時報知新聞の記者で作家の新宮正春はこのときを回顧し、宮田がいかにナインから頼りにされていたかを知ったという。宮田を直撃したボールは三塁手の長嶋のもとに転がったが、これを捕ってすぐに一塁に投げればアウトにできる打球だった。だが長嶋はばったり倒れた宮田を見て、ボールには目もくれず一目散に彼のところへ走っていったのだった。

新宮は言う。

〈長嶋だけではなく、外野の柴田や国松も試合そっちのけでマウンドに集まってきた。ベンチにいた代打要員やブルペン捕手まで飛び出してきて、心配そうに宮田を取り囲んだ。ふつうなら、考えられないことだった。一本のライナーで時間が停まってしまったのだった。……それにしても当時の宮田がいかに巨人のみんなから愛されて、頼りにされていたかを示すシーンだった〉

（昭和五五年一月一日号『プレイボーイ』）

彼は怪我の五日後にはリリーフに上がっていた。

後に宮田は回顧している。

「あの頃のぼくは、マウンドの上で死んでもいいという気で投げていた。チームがいまオレを必要としている以上は、たとえ一年で肩がつぶれたってやれるところまでやってやれ、と思っていた」

オールスターゲームが明けて後半戦になっても宮田は調子を維持し続けた。七月二十五日の中日戦には最後の二回を投げて勝利投手となって一二勝目（一敗）を挙げた。二六イニングス無失点である。彼が投げればチームは不思議に活気づく。勝ち星に恵まれたのはそうした理由もある。

川上も〈彼がマウンドに上がるとムードがピリッとしまる〉と評した。八月十六日の産経戦も終盤三回を一安打、四三振に抑えると、チームはサヨナラ勝ちを収めてしまった。これで勝ち投手となって一七勝二敗という成績になった。チームも二位阪神に八ゲーム差をつけ、次第に優勝が見えてきた。七月の巨人の二〇試合のうち一一試合に登板、八月にも二四試合中一四試合に投げるという過酷さだった。とくに八月はリリーフ勝ちが五、セーブがあれば七で、巨人の一五勝のうち一二勝まで貢献したことになった。七月末の巨人と二位阪神とのゲーム差が二・五だったが、八月末には五・五まで開かせた功労者は宮田をおいて他にはなかった。

「宮田がいなかったら、今の独走はなかった」と誰もが言っていた。そしてますます磨きのかかった彼の投球を打者たちはこう評した。

〈セ・リーグでは産経の渋谷に次ぐ球の速さ。狙っていても三度に二度は振り遅れてしまう。そのうえ投げる球に魂がはいっているみたいで気迫にも押されてしまう〉

さらには打者にとっては得意なコースである高めの球で勝負を挑んでくるのも宮田の特徴だった。ちょっと間違えばホームランボールになるコースを紙一重で逸らして打ち取るのを身上としていた。そこに彼の大胆さがあった。

八月十一日の阪神戦では七回からリリーフしたが、宮田自ら八回にエース村山からセンターオーバーの三塁打を打って、打点一を記録し、駄目押しの一打となった。順調に勝ち進む宮田は八月末から疲れが見えて打たれるようになったものの、九月十三日には一八勝目（四敗）を挙げた。以後二十二日から十月一日まで登板の機会はなくもっぱら調整に努めていたが、二日の大洋戦で二回の裏からリリーフに立って、無失点で九回まで投げ切ってしまった。試合途中心臓が奇妙なリズムで打ち出し、一分間に一八〇回も脈拍があった。常人だと七〇台であるから、これは極度の緊張が生んだ神経性の心臓病だった。それでも何度も深呼吸をして、一〇二球と彼にとっては多い球数を投げぬいた。これで一九勝目となって、交代完了は四四の日本記録を達成した。しかも救援勝利一八となり、これはセ・リーグ新記録となった。七日の阪神戦で宮田は抑えに出て二回を六人で片付けると念願の二〇勝目を挙げた。そして巨人は勝率六五九、二位中日に一三ゲームをつけるぶっちぎりで優勝した。V9の始まりの年だった。

この年宮田の奥歯は左右の二本が欠けてしまった。まず左の大臼歯がぼろぼろになり、次いで右も駄目になった。投げるときに一六〇キロぐらいの重さがかかるために潰れてしまったのである。しかも三連投を含めた連投は一四回、中一日しか置かないリリーフが二三回という酷使で、チームの勝利の四六パーセントにあたる四二勝に宮田は何らかの形で投げている。ベンチに入らなかった試合は一試合だけという毎日が戦場という日々を送っていた。

日本シリーズでは、南海と対戦したが、第二戦で七回から延長十回まで投げて、無安打に抑えて勝利投手になっている。このとき右足の肉離れを起こしていたが、気力だけで最後まで投げぬいた。第三戦、第五戦もリリーフに立ったが失点は〇で、このときの好救援が光り、最優秀投手賞を受賞した。巨人は四勝一敗で南海を下した。

さて日本シリーズも終わり、関係者がもっとも注目したのは年度の最優秀選手を宮田が取れるかという点であった。彼のこの年の成績は六九試合登板、二〇勝（リーグ四位）五敗、勝率八〇〇、防御率二・〇七（リーグ四位）であった。シーズン終盤から登板過多のために打ち込まれる試合が続いたので、それまで一位を維持していた勝利数、勝率、防御率は軒並みダウンしてしまい、タイトルを獲得することはできなかった。最多勝は二五勝の阪神村山実に、勝率は一二勝二敗の中日の山中巽に、防御率は一・八四の金田正一（巨人）に取られてしまった。ただし試合数と交代完了四六はリーグトップ（かつプロ野球記録）、リリーフ登板六七もプロ野球記録である。しかも救援勝利一九はセ・リーグ新記録である。これに「もし」がつけばだが、現在のようなセーブの規定があれば、二二セーブがつき、救援勝利を含めたセーブポイントは四一となっていた。タイトルこそ獲得できなかったが、目に見えない優勝への貢献度と、〈プロ野球の投手起用面においてもわが国では画期的な、本格救援専門投手の必要性を認識させた点〉から宮田の獲得が本命と言われていた。

十一月十五日にシーズンの最優秀選手（MVP）と最優秀新人、ベストナインが発表されたが、結果は意外なことに本塁打、打点の二冠に輝いた王貞治が選ばれてしまった。

MVPは記者投票で決まる。投票は王と宮田が激しく争った。とくに関東地方では〈宮田有利〉の声は高かった。しかし開票してみると、王は六五〇、宮田は六〇五でわずかの差で宮田は涙を飲まなければならなかった。三位の江藤愼一が一六三票だから、いかに二人が高いレベルにいたかがわかる。宮田も王も発表のときは、岡山でのオープン戦のために特急電車に乗っていたが、王は午後三時三五分に報道陣から受賞のメモ書きを見せられた。そのとき彼は開口一番こう呟いた。

「宮（宮田）ちゃんにすまないな。宮ちゃんはなんにもタイトルに縁がなかったし、ぼくが選ばれてもそのまま素直には喜べないよ。宮ちゃんには功労賞みたいなものがセ・リーグから出ないかな」

と押し殺した声で言った。ちょうど通路の反対側では宮田がシーズン中の疲労も重なってぐっすりと眠り込んでいた。押しかけたカメラマンが宮田を揺り起こそうとするのを見て、王は「眠っている人を起さなくてもいいんだよ」と次点の彼を気遣った。ベストナインも村山実が選ばれ、宮田は次点だった。

宮田は後に結果を知らされると、報知新聞にコメントを発表した。

〈ワンちゃんの最優秀選手が決まったとき、ぼくは少しもくやしいとは思わなかった。選ばれて当然だと初めから思っていたからだ。もちろんベストナインの投手部門でも村山さんに票が集まるだろうと考えていた。ぼくのようなじみな選手と、村山さんがもっているムードとはまるっきり違うからね。

なにひとつタイトルはとれなかったが、ぼくはしあわせな男だったと思う。プロ入りしたころは夢にも考えなかった最優秀選手の候補にあがっただけでも満足だ。これでぼくのようなリリーフ投手の価値がアメリカなみに認められるなにかのきっかけにでもなれば、こんなうれしいことはない。〉

（昭和四〇年十一月十六日付）

この結果を聞いた監督の川上は一点を凝視したまま、「宮田にはやれなかったのか」としんみりと呟いた。そして「もし私に最優秀選手の投票権があれば、宮田に入れてやりたかった」とも記者たちに洩らした。彼の貢献度は誰よりも監督である川上が知っていたのである。川上は、せめてもの慰めとして、この年の優勝監督に贈られる「ヨーロッパ旅行」の権利を宮田に譲ることにした。宮田はその話を聞いたとき胸が熱くなった。

王は宮田に「ＭＶＰは宮ちゃんに決まっているけど、これは記者の投票だから仕方ないよね」と励ましてくれたという。宮田はそれくらい評価してもらえればそれでいいんだと思った。

宮田にとって生涯最高の年はこうして締めくくられた。

5　故障との闘い

翌四一年のシーズンも宮田の出だしは好調だった。キャンプ、オープン戦と前年の疲労が祟って今ひとつの出来栄えだったが、開幕が近づいてくると、きっちりと調子を合わせてきた。四月二十日にリリーフで投げたが、昨年ほどの球威はなかった。スピード不足を制球でカバーして一勝目を挙げた。二十三日も終盤一回三分二を締めて二勝目が転がってきたが、まだまだ本来の状態ではなかった。球の伸びがなくなり、ストライクとボールの差がはっきりしていた。そのため三振の数も減った。だがそれでも相手を抑えることができるのは巧みな投球術があるためだった。五月六日には早くも八試合に投げて三勝一敗の記録を残している。とくに六日の産経戦では五回から登板して九一球を投げて、失点は〇だった。天知俊一は〈変化球で打者の目をごまかすことはできたが、昨シーズンの鋭くて精巧な制球力はまだみることはできない〉（『報知新聞』）と述べている。十一日の広島戦では八回から投げたが一点を守れず、引き分けに持ち込まれてしまった。

五月十八日には早くも四勝を挙げたが、一進一退の投球内容が続く。二十四日の産経戦では二回を投げて四失点、勝ち越しツーランを打たれてしまった。やはりまだ本来の球威までは今ひとつだった。じつは彼の体は内臓疾患に蝕まれていたのである。六月に入ると、体がだるく、吐き気に襲われ、食欲のない日々が続くようになった。そんな中、たまに試合に投げても広島の大和田明から同点本塁打を打たれる有り様だった。やはり球のスピードが落ちていた。二十二日から戦列を離れ、医師の診断を受けるとすぐさま入院を告げられた。

原因は過労であったが、思い当たるフシがあった。宮田は疲れを取ろうと医者からインシュリンの入った注射を血液に流し込んでもらっていた。ところがインシュリンの副作用でお腹が空き、そのために食事の量が増えてしまった。みるみるうちに肝臓に脂肪がついてしまった。日大医学部がつけた診断名は「動物性脂肪肝」で顔は青白くむくんでいた。

医者は言った。

「もうちょい入院が遅れたら死ぬところだった」

宮田は言う。

「インシュリンの注射を打った医者がにせ医者だったんです。すぐに日大に行きましたら入院を命じられました。あれがなければもっと働けただろうと思いますが、私はそんなに体が大きくないから、毎年活躍できる状況にはなかったかもしれません」

入院は六月二十九日から九月二十四日までの長期に及んだ。結局この年は回復せず、公式戦に投げることはなかった。年度成績は入院するまでのもので、一五試合に登板して、五勝三敗、防御率は二・一二、投球回数は三三イニングスだから前年の五分の一にしか過ぎなかった。

翌四二年はキャンプから好調を維持していた。オフの間に前橋でゴルフをしながら走りこんだのが体をつくる原動力になった。一月からは投球練習ができる状態で、仕上がりも早かった。アメリカのベロビーチキャンプでは捕手のミットめがけて投げ込む宮田を見て、ドジャースの選手たちは口々に言った。

「ワンダフル、あんなにいいコントロールをもっている投手を見たことがない」

五月十六日の大洋戦で三回を無失点に抑えて二勝一敗、防御率〇・六四の成績を残していたが、すでに一〇試合に登板していた。五月二十七日の中日戦であった。八回一死でマウンドに上がった彼は、代打高木守道にレフト中段にスリーランホーマーを打たれて負け投手になってしまった。五月三十一日の阪神戦では山内一弘にレフト中段への決勝本塁打を打たれ、再び負け投手となった。六月六日も抑えで出て三点を取られた。そして六月中旬には第一線から外れていた。再び肝臓病の後遺症が姿を見せるようになっていたのである。

四二年は二八試合に登板して、二勝五敗、防御率は五・二一、投球回は前年よりわずかに上回る三八回だった。

宮田は四〇年以後の自身の投球について語っている。

「四〇年以降はボールが走りませんでした。それから根気がなかった。相手を攻めるには結構根気が必要なんです。毎日打たれてもそこを攻める。精神的に嫌という気持ちにならないで絶対やっつけてみせるという気持ちが大事なんだ。バッターが呆きれるくらいの根気、これが絶対条件ですね」

ところが、肝臓疾患を患ってゆくうちに、自分の中で気持ちの粘りが次第に消えてゆくのがわかった。

「三〇歳まで生きられないと言われた体でしたからね。若いうちは良かったんだが、気持ちが湧いてこなくなった」

宮田は呟いた。復活を期した四三年は二月の宮崎キャンプの紅白戦で一球目を投げたとき、右肘に「バリバリ」という音が響いた。「何かあった」と宮田は感づいたが、有料の試合だったせいもあり、そのまま投げ続けなければならなかった。前日は三百球近くを投げて、筋肉は張っていた。紅白試合は身も凍るような寒さの中で行われてもいた。試合が終わっても痛みは引かず、医師に見てもらったら〝肉離れ〟を起こしていた。腕が痺れるという血行障害の症状もあった。これで満足に投げることもできず、このシーズンは開幕から二軍にいた。五月の下旬になれば全力で放っても大丈夫となり、イースタンリーグで先発し八回を一点に抑えて、首脳陣を喜ばせた。フォームも直球の速さも昭和四〇年の頃に徐々に近づいてきた。

彼が初勝利を挙げたのは、七月二十日だった。六回半ばから投げて無失点で抑えると、前年五月十六日以来一年ぶりの勝利投手が転がり込んだ。藤田投手コーチも「カーブが低めによくきまっていたし、ストレートも今年で一番速かった」と九〇点の点数をつけた。

八月二十日の大洋戦では負け試合になったものの、一回途中からマウンドに上がり、六回まで一人の走者も出さない完璧の投球（奪三振は六）を見せて〝絶妙の火消し〟と新聞に書かれた。二十五日の広島戦ではここ二日間で三連投という状況にもかかわらず、六回から九回まで無安打無失点に抑えて、三勝目を挙げた。六月後半から一軍に復帰したにもかかわらず、すでに一二三試合も投げさせられていた。九月二日の大洋戦では伊藤に決勝本塁打されて負け投手（三勝二敗）になったが、四〇年と同じように勝ち試合の終盤で使われることが多くなった。

この年は三〇試合に投げて、三勝二敗、防御率は三・三八で投げたイニングは五六だった。〝八時半の男復活〟と呼ばれたのもこの年だった。とくに交代完了が二一もあり、これは四〇年の四六には遠く及ばないものの、三八年の二五に次ぐ多さであった。シーズン半ばから投げたにしては素晴らしい数字で、セーブがあればかなりの数になったと思われる。

だが宮田の体力は限界に来ていた。翌四四年は、八月の段階で一二試合に投げて三敗と勝ち星もなかった。二日の阪神戦では藤田平に決勝ホーマーを打たれ、防御率は六点台になってしまった。オールスター戦以降は毎日のようにフリーバッティングの打撃投手を務めた。

彼は言う。

〈一時、ロウソクの火が燃えつきる一瞬にパッと明るくなるように、私も〝八時半の男〟復活かといわれたことがあった。しかし、長続きはしなかった。

ブルペンで調子がよくても、マウンドに上がると、球威も落ち手もなく打ち込まれるほど、力は低下してしまっていた。

このような状態で川上監督以下首脳陣はよく使ってくれたと思う。最後の花をとの温情にむくいることができず、申訳なく思っている。〉

（『週刊ベースボール』昭和四五年一月十九日号）

そこで彼が選んだ道はバッティング投手としてチームに貢献することだった。

〈最後の年となった昨年、バッティング投手をつとめたことがあった。人はみんな「つらいだろう。いままで救援のエースといわれた男がよくできるな」といってくれた。

だがジャイアンツというところ、チームの一員ならばなんらかの型でチームに尽くすという信念を持っている。私もそうであった。

ゲームでチームに貢献できない心苦しさ、それならばチームの一員としてバッティング投手でもいい、私が投げた選手が調子をつかみ、試合で打ってくれれば……、それでいい……という心境になっていた。〉

（同）

そしてチームが五連覇したときユニフォームを脱ぐ決意を彼は固めていた。

報知新聞の記者だった新宮正春はこの頃の宮田を週刊誌『プレイボーイ』（昭和五五年一月一日号）にこう書いた。

〈四四年になると、もう投手として再起不能なのがはっきりしてきた。その秋、阪急との日本シリーズでは、連日、試合前のバッティング練習に投げていた。

つい四年前に二〇勝した救世主が、試合とは関係のないバッティング投手をやらされているのだ。それも、一週間ぶっとおしで二〇〇球を投げるという残酷な苦行だった。〉

このとき宮田は練習に投げた後、アンダーシャツをめくり上げた右腕を新宮に見せた。右腕は一目で見てもわかるほど、丸太棒のように腫上がり、触れると熱を帯びていた。彼は新宮にこう言ったという。

「試合にもう投げられんピッチャーが、チームにつくす途はこれだけですよ。バッティング投手だって立派にプロです」

宮田は長嶋と王に絶妙にタイミングを合わせて打ちやすい直球を投げ込んでいた。二人はピンポン球のように軽々とスタンドまでボールを飛ばしている。日本シリーズで対戦する阪急の選手たちが唖然として二人の打球の凄さに見とれていた。これこそ阪急ナインの士気を挫かせるためにわざと打たれ、長嶋、王の凄さを知らせようと宮田が仕組んだ術なのだった。この年、巨人は阪急を四勝二敗と下して五連覇を達成した。このシーズンの宮田の成績は一五試合に登板して○勝三敗、防御率は六・八六だった。何百球でも投げる体力はまだあったが、精神力が切れてしまっていた。

オフになった十二月過ぎだった。宮田は川上の自宅へユニフォームを脱ぐ気持ちが固まったことを話しに行った。川上はしばらく考えると「ご苦労さん、お前にはずいぶん苦労をかけたな」と言うと、背を向けて、帰ろうとする宮田を呼び止めた。そこにはナポレオンの高価なブランデーが一本握られていた。それが川上のせめてもの餞《はなむけ》だった。

彼は言う。

「よく川上さんが酷使して自分を潰したとか言われましたが、それは違うと今でも思っています。ああいうふうな使われ方をなされなかったら、あそこまでは働けなかったですね。プロ野球に入って自分の力をフルに発揮できるチャンスはないですよ」

その後、宮田は野球解説者を数年務めると、昭和五〇年に古巣の巨人に一軍投手コーチとして返り咲いた。川上政権が終わって、長嶋茂雄が監督となった一年目である。この年はチーム創設以来初の最下位となったが、チームの防御率は横山忠男、倉田誠らの活躍で決して悪くはなかった。ここから宮田の指導者としての人生が始まった。巨人を振り出しに日本ハム、西武、巨人、中日、三度巨人のコーチを務めた。

平成八年には巨人は開幕直後最下位に沈んでいたが、後半戦に勝ち星を重ねてリーグ優勝し

〃メークミラクル〃と呼ばれた。その功労者の一人にリリーフエースとなった川口和久がいる。もともと広島で先発投手だった左腕の川口は、年齢も三五歳となって往年のスピードはなくなっていた。彼は先発して打たれるたびにそのジレンマから「もう引退したい」と口にしたが、宮田は「リリーフ投手としての道がある」と教え諭した。転向を渋る彼に宮田は先発投手とリリーフ投手の違いを説明した。

「先発もリリーフも違いはない。先発は遊びがあるが、リリーフはそれがない。九回を投げるのを三回に凝縮して投げるのがリリーフだ」

川口は納得してリリーバーになったが、一六試合に登板して防御率は〇・三九という素晴らしい成績を残した。一方では中日時代には新人の川上憲伸と巡り合った。一目でモノが違うと見抜いた宮田は、彼が中日の選手として活躍することを願うと成績が落ちると考えた。もっと高い次元で通用して欲しいと宮田は思った。「お前は日本のプロ野球のエースとなるんだろ、メジャー目指して鍛えろ」と激励した。その年一四勝を挙げて新人王になった。翌平成一一年上原浩治が巨人に入団してくると、巨人のコーチになった宮田は「憲伸（川上）にはこう言ったけど、お前もあいつに負けない投手になれ」と励ますと、彼は発奮して二〇勝を挙げた。

宮田は言う。

「自分が肩を壊しているから、野球を冷静に見ている部分があるわけですよ。肩を壊してゼロからスタートしたわけですから、自分がやってきたことを伝えたいと思いますね。怪我してマイナスのとき、こんなトレーニングをすれば伸びるとか指導ができるわけですね」

不思議なもので、若手投手がそれまで一三五キロしか出せなかったボールを、一三六キロまで出せるようになると、一〇勝投手が二〇勝投手になったときと匹敵する喜びがあるという。

「それから今は先発投手の球数は百球が目安になっていますが、たくさん投げることで鍛えてゆくことが必要だと思います。試合で百球ならば、練習では三倍投げろと言っています。そういう肩と体をつくることが長持ちする秘訣だと思います」

つねに故障とともに歩んだ野球人生のある宮田であるから、自分の経験を土台に投手理論をつくり上げた。それが名投手コーチと呼ばれる要因になっている。選手時代の病気との苦しい闘いが、指導者としての懐を一枚も二枚も深くしたことは事実である。

彼はこれからの野球について展望を話してくれた。

「プロ野球は試合のテンポが速くなって欲しいと思いますね。ニューミージックからロックのようなスピードでしょうか。それから僕が子供のときは、試合に行けば巨人は子供たちにキャラメルを配ってくれたんです。キャラメルを舐めながら試合を見て、野球が好きになった。そんなサービスがあればもっといいですね」

宮田はなおもコーチ理論をずっと話してくれた。石毛博史の曲がった肘を治してリリーフエースにした話、木田優夫の投げるボールの角度を球一個高くしたら、スピードが出た話、昭和五〇年に新浦寿夫を負け続けても試合に投げさせてエースにした話と、高度な理論を素人にもわかりやすいように噛んで含んで話してくれた。聞くたびに宮田の投手理論の確かさには目を見張らされた。やがて冬至も近い冬の土曜日は暮れかかって店内に西日がさしてきた。お客さんもその間、何度も入れ替わりしてやがて私たちの他数名になってしまった。

インタビュー時の宮田。

彼は差し出された色紙に「八時半の男」と書くと、照れくさそうに笑った。四〇年前の思い出が今もこの人の中に生きており、その後の指導者としての人生を支えてくれているという思いが改めてした。

宮田は現役引退直後リリーフ投手の条件を週刊誌に語っているが、ここに彼の投手としての神髄がある。

〈私は、八年間リリーバーとしてやって来て体験したことは、若くスピードで勝負する投手が、リリーフ投手としての適任者だということである。

最近の若い人たちは変化球をすぐにマスターしようとする。この変化球はスピードボールを持っていてこそ、通用するものなのである。
私も多くの変化球を持っていた。しかしこれに頼るのではなく、あくまでも速球が主体であった。若いうちはどんどん速球で勝負してもらいたいと思う。〉
（『週刊ベースボール』昭和四五年一月十九日号）
フォークボール、スライダーなど変化球全盛の今の投手には苦い言葉だが、いかにプロ野球が進化しようと宮田の言葉はリリーフエースをめざす投手にとって生命力を持ち続けるに違いない。

第2章　軟式野球出身のエース――大友 工

私が巨人の横手投げのエース大友工《たくみ》を初めて知ったのは小学校四年生のとき、昭和四九年の秋であった。この年はプロ野球のエポックメイキングとも言える年だった。巨人のスーパースター長嶋茂雄が引退し、私の同郷の川上哲治が監督を辞めた年でもあった。巨人ファンにとっては哀しい話題ばかりが続いたが、一方で昭和四九年は昭和九年にプロ野球が創設されてちょうど四〇周年に当たる時期でもあった。少年雑誌でプロ野球の歴史のグラビア、テレビなどで野球の歴史が特集され、戦前戦後のスター選手たちが紹介されていた。『少年サンデー』だったと記憶する。巻頭グラビアに巨人の四〇年の歴史が組まれ、沢村栄治、青田昇、赤バットの川上哲治、その一角にサイドスローで力強い投球をする大友の写真があった。「軟式野球出身のエース」と書かれ、昭和三〇年に三〇勝六敗の成績を挙げ、最多勝利、最高勝率のタイトルを獲得したことが記されてあった。

現役時代の大友工。豪快なサイドスローで巨人軍不動のエースとなった。

軟式野球出身で雑草のような経歴にもかかわらず、一躍名門巨人のエースまで上り詰めたことも驚きであれば、沢村栄治、別所毅彦など本格派の投手がエースを務める巨人で、サイドスローのエースというのは非常に珍しかった。そんなユニークな投手の存在は心に引っかかっていた。

活躍のわりには大友の存在はあまり語られることがなくなってしまった。実働期間は一〇年間で一三〇勝とエースとしての期間は短かったが、馬車馬のようにチームのために投げぬき、ＭＶＰをはじめ投手のタイトルを短期間に総なめにした大友を今の時代に伝えたいと思った。軟式野球出身という大友の球歴は、幼少から野球の英才教育で型に嵌《はま》り、破天荒な魅力を失いつつある現在の野球選手たちの中で、異質で力強い、燦然《さんぜん》とした魅力を放つであろうと考えた。そして野球選手として大成するには何が必要なのか、改めて今の青少年に教えてくれるのではないかと考えた。

今、大友工という一世を風靡した巨人のエースについて語ってみたい。

1　雑草のごとく

平成一七年五月下旬の土曜日、初夏の陽気を思わせる晴れ渡った日に、大友に会うために東横線の都立大学の駅で降りた。ゆるやかな坂道を線路に沿って二〇〇メートルばかり歩いてゆく。午後二時過ぎでまだ日も高く、三〇度近い暑さのために歩いているうちに自然に汗ばむ。私の脳裏に大友の人となりを表す言葉が思い出された。巨人の主力投手だった堀内庄の言葉である。

「あの人は庶民的で、ちっとも偉ぶったり飾ったところのない人だ」

一本目の踏み切りから路地に入り、二軒の民家の間に幅二メートルほどの私道がある。その奥に築三〇年ほどの古びた民家がある。そこに「大友」という木の表札が掛かっていた。ブザーを押すと、間もなく奥から男性の声がして、足が悪いらしくゆっくりと玄関に向かう足音が

現役引退後のOB会でのユニフォーム姿の大友。颯爽とした姿は今も変わらない。

インタビューに応じる現在の大友。

した。やがて今年八〇歳になる大友は選手時代とほとんど変わらない若々しい顔つきで、玄関の戸を明けて招き入れた。

赤いチェックのシャツに薄い茶色のズボンを着た大友は、ステッキを突きながら静かに廊下を歩いた。応接室にあるソファーにステッキを置いて、大儀そうに腰をかけると、屈託のない笑顔になって呟いた。

「女房も亡くなってずっと一人暮らしなもんだから、お構いもできなくて……」

大友は、腰を落ち着けると、ステッキを握ったままゆっくりと語りだした。

「僕の全盛期はたった三年間ほどだから、何も覚えていなくてね」

苦笑しながら、遠い過去に遡るように視線を這わせた。しばらく顎のあたりを掌で撫でていたが、思い出したように唇が動き出した。

大友は大正一四年二月十九日に兵庫県の出石《いずし》町という町で五人兄弟の末っ子に生まれている。出石町は古くは但馬の国に属し、両脇を鳥取県と京都府に囲まれ、日本海側に近く豊岡市から車で三〇分の位置にある（平成一七年に豊岡市に吸収合併された）。町自体は標高八〇〇メートルの険しい山並みに覆われながら、土地の八割近くが山林で占められる盆地である。日本海側に奥まった地形のため、冬は雪や雨が多い。大友がプロ生活に耐え、一軍に這い上がってきたという粘りは山陰に近い風土と無関係ではない。

彼の父親は小学校の教員だったが、師範学校時代は野球とテニスをやった選手だというから、大友の運動神経も父親の血を引き継いでいる。すでに兄も野球をやっていて、その感化を受けて小さい頃に彼もボールを握った。当時小学生のやる野球は「学童野球」と呼ばれて、出石町も大変盛んだった。弘道館小学校四年のときには一塁手兼リリーフを務めていた。

このときを大友は回想している。昭和一一年頃のことである。

〈僕の小学時代も終りに近づいた頃、日本にもようやくプロ野球というものが盛んになって来た。野球をやることが商売なのだと聞かされて、随分奇妙な思いをしたが僕はすぐにプロファン、それも皮肉なことにタイガースファンとなった。地元のチームだったし、あの松木、景浦、山口、本堂、藤村、藤井、門前とならんだ文字通りのダイナマイト打線の炸裂に、夢中になって拍手をおくつたものだ。〉

（『ベースボールマガジン』昭和二八年十月号）

弘道館小学校を卒業すると、大友は大阪にある「逓信講習所」に入学する。電信技術を身につけて、将来は電信技師として身を立てるためであった。

大友は言う。

「僕は職業学校ですね。電信と郵便の学校で今の郵政省の学校なんですね。ここは月謝から何から全部ただなんです。その代わり卒業したら二年か三年か勤める制約がある。そこに入ったから野球ができなくなったわけです。トンツーやって電報送受やっていましたから、本格的な野球なんてできないですね。学校でクラブを作ってやってはいましたが、そんなものは野球には入らない（笑）」

小学校のときに熱中した野球は一時中断した形になって、大友は逓信講習所で電信技術を覚え、卒業すると神戸中央電信局に電信技士として勤務することになった。とくに将来は野球で身を立てるという意思もなかったから、電信局にいる間も勤務の余暇に野球を楽しむという具合だった。大友が言うには、職場には軟式野球のチームがあって、そこそこにレベルも高かったから、神戸市の社会人チームと試合をする機会も多かったという。大友はやはり投手だった。

だが時勢は戦局も厳しくなってきたため敵性スポーツのベースボールは次第に敬遠されて野球ができなくなってしまった。さらには大友自身も電信兵として兵役に取られてしまった。位は伍長だったが、幸いに内地勤務であったために、戦火は免れた。

昭和二〇年八月十五日に終戦になると、大友もその年の九月に復員して出石町に帰ってくることになった。しばらくは静養のため仕事もしないで過ごしていたが、やがて近隣の豊岡町（現市）のトラック会社「但馬貨物」（現新日本運輸）に野球の腕を見込まれて引っ張られることになった。

軟式ではあったが、本格的な野球の始まりだった。
この頃の様子を大友は回想する。

〈僕に本当の意味のボール生活が始まったのは、終戦後である。僕はやはり兵庫県の豊岡町にある但馬貨物会社に入社し、早速野球部員となった。もちろん軟式である。僕はやはりピッチャーとして、毎日のプレーを楽しみながら練習していたのであるが、他の人々の様にプロ野球と自分とを結びつけて考えたことは一度もなく、そんな自信は全然なかった。なにしろ僕は終戦後、全国至る所に生れた無数の軟式チームの中の一投手に過ぎなかったのだから。〉

（『ベースボールマガジン』昭和二八年十月号）

その中でもタイガースの捕手土井垣武らも来て指導をするときもあったから、大友も恵まれた環境にはあった。当時は電車、バス、自動車などの産業別の野球大会があって、昭和二三年に但馬貨物は車両軟式野球大会兵庫県予選大会で優勝して近畿大会に出場することになった。大友は強肩を買われて投手をやっていたが、彼がほとんど一人で投げ切って地区予選の優勝をもたらした。近畿大会は大阪市で行われたが、そのときの審判長は本田竹蔵という大阪鉄道管理局の監督を務め、関西のノンプロの重鎮的な存在であった。近畿大会でも大友はマウンドを一手に引き受けて一回戦から投げぬいたが、準決勝で敗れた。

このとき「コントロールはないが、球がメチャクチャに速い投手」ということで大友の存在が本田竹蔵の目に止まったのだった。その折、本田も大友も預かり知らぬところで東京の巨人軍がチーム強化のために二軍をつくろうと、球団代表の宇野庄治（後取締役）が中心になって選手を集めようという動きが始まっていた。この当時二軍を持っていたのは、阪急ブレーブス（現オリックス・バファローズ）と松竹ロビンス（現横浜ベイスターズ）の二チームだけだった。これだけの数では二軍どうし試合をやるにも面白くない。巨人も入れて三チームになれば二軍戦も盛り上がるだろうということで、選手を育てるという面からと興行的な側面からと二つの理由で、巨人は選手獲得に乗り出していたのである。

奇《く》しくも宇野と本田は京都大学で同期の間柄で、宇野はラグビー部、本田は野球部と、ともに運動部の仲間でもあった。選手集めに苦労していた宇野は、本田に電話をかけた。

「誰かいい選手はいないか」

「コントロールはないが、球のめっぽう速い投手がいる。軟球でもかなり速いから、ひょっとするとものになるかもしれない」

それが大友だった。宇野は軟式野球をやっている点にも驚いたが、荒削りながらも球が速いことと、本田が惚れ抜いている投手だというせいもあって、兵庫の豊岡町までわざわざやって来たのである。

昭和二三年の夏の暑い盛りだったと大友は記憶する。彼はちょうどグラウンドの修理をしていて、重いローラーを引っ張って地ならしをしていた。そこへ白いワイシャツを着た中年の男性がバックネットからゆっくりと歩いてきた。暑いのでネクタイもつけず、ワイシャツのボタンは外れて太った腹が丸出しになっていた。男は大友の傍まで来ると、タオルで首筋の汗を拭いながら、「こういう者です」と名刺を出した。見ると肩書きに「巨人軍代表」と書かれてあった。目を大きく開けて宇野を見ると、人の良さそうな笑顔を向けて、話しかけてきた。

「こんど巨人にも二軍をつくりたいんだ。だからぜひ君に入団して欲しい。本田さんからも話は聞いていています」

大友はこのときの心境を述べている。

〈その時の僕の驚きがどんなものだったか……一も二もなくジャイアンツに入りたかった。しかしこれは一生の大問題である。それこそ、野球が商売となるのだ。当時の僕にもプロ野球が如何に厳しい世界であるかは、おぼろげながら想像がついた。この世界に入れば、もう頼りになるものは自分の右腕以外にはないのだ。僕の財産はそれだけだ。僕の右腕は果して苦しい試練に耐えぬいて、働くことが出来るだろうか。そう考えれば、大きな不安が僕の胸にかぶさる。〉（同）

「今度京都にチームが来るから、そのときにまた文書で連絡しますから」

宇野はそう言った。しかしこの人が本当に巨人の球団代表なのかという疑問もあった。自分は中等野球すらやっていない。軟式野球が上手いだけの青年のためにわざわざ東京からスカウトに来るだろうかという思いもあった。

大友は言う。

「僕が中等野球やノンプロで名前を売っていたら分かりますよ。でも何も実績がないわけだから。強いチームの選手でもなくて、ずっとレベルが低い野球でしたから、そこに本田竹蔵さんが絡んでいるなんて知らなかった。軟式からでもプロ野球に入れると有頂天になっていたわけです。でも初め嘘だろうと思った」

ためらう大友に宇野は尋ねた。

「今夜泊まるんだけど、どこかいい温泉を知らないかね」

そこで城の崎温泉を紹介した。本当に泊まるのかなと半信半疑でもあった。その夜こっそりと旅館を覗きに行くと、確かに宇野が泊まっていた。名簿も調べると巨人の宇野だということも分かった。そこまで分かっても、まだ本人だと信じることはできなかった。

その年の暮れだった。京都の衣笠球場に巨人軍が遠征にやって来るということで、大友に宿舎まで出てきて欲しいという連絡を受けた。

大友は言う。

「どこどこの旅館に泊まるからと言われて、そこへ行ったんです。このとき球団の佐々木金之助さんが来るから、その人に会ってくれとも言われた。契約の条件も言ってもらった。選手が風呂から上がってくる姿が見えました。その中に藤本英雄さんがいました。監督は中島治康さんでした。このときに契約を結んだわけです」

契約をするにあたって簡単なテストもあったらしいが、千葉茂は大友の並外れた馬力にひそかに注目していた。

〈巨人のテストを受ける二日前に、家の近所の小学校の校庭でもの凄い練習をしよったらしい。百二十メートル離れた松の木までの大遠投や。そのへんまで届かせるだけやない。松の木に命中させるわけや。テスト当日はかなり自信があったというんやから、松の木にボンボン命中したんやろ。信じられん馬力の持ち主や。〉

（『巨人軍の男たち』）

このとき大友は報道陣にこう答えていた。

〈「僕は軟式ばかりでした。ほんボール（引用者注・硬球）を投げるなんて夢にも思いませんでした。だから正規の練習もしたことはありません。巨人軍で選手を公募するというので、どうなるか判りませんけれど、受けるだけはと思って受験して見たんです。パスしたというので自分ながら驚いてしまいました」〉

（『ベースボールマガジン』昭和二六年二月号）

大友が正式に巨人の一員になったのは昭和二四年五月であった。巨人が初めてつくった二軍に編入されることになった。年齢的にも二五歳という遅いプロ入りだった。

2　軟式野球から巨人軍へ

大友は新丸子にある巨人軍の寮に入ったが、同期には内藤博文、藤原鉄之助ら七人がいた。二軍監督は内堀保であった。さっそくグラウンドに出てチームメイトと一緒に練習することになったが、軟式野球出身という力の差を見せつけられることになった。

大友は回想する。

〈誰の顔を見ても相当の選手に見えた。皆が上手に見えてヒケ目を感じた。自分には球歴らしい球歴もない。硬球は握ったこともない。スポンジのボールしか知らない自分である。果たして一緒にいけるものだろうか。〉　（同）

二軍の選手は一軍から降りてきた者も含めて一一人だった。このとき大友のフォームは横手投げではなく、スリークウォーターであったが、何しろ生まれて初めて硬球を持ったため、同僚とキャッチボールをすると、ボールは相手の背を高く超えて行った。力を抑えて投げるとワンバウンドになってしまう。トスバッティングをすれば、バットの芯にも当たらない。さらに同期の内藤のボールを受けると、硬球独特の重みと痛さがグラブに伝わった。

「お前は野球をやっていたのかと冗談半分に言われました。わしだけがキャッチボールができなくて本当に恥ずかしかったです。わしのボールを受ける人も困っていました。皆が見ているから、余計に固くなって、三日間はまともに投げられなかった」

大友は言うが、四六時中ボールを持ち、硬球の感覚を身に付けたのもこの頃である。寝るときにも電車に乗るときもボールを持った。そうすると気持ちが落ち着くのだった。

実際大友は「軟式から硬式に移るときは泣きました。こんなに難しいとは思わなかった」と感慨を述べている。そこで彼は「クビになったらなったで田舎に帰って炭焼きをやればいいんだと思ったら気楽になりました」と思うようになったという。

開き直ってしまうとキャッチボールもできるようになり、どの程度の力感覚で投げれば相手に届くのか分かるようになった。キャッチボールができたら、一塁へ投げる。それもできるようになると、外野からホームまで遠投をした。

当時二軍のチームは三チームしかなかったために、すべて一緒に北海道、東北、九州と一軍が行かない場所を遠征して回った。三チームしかないから、どこか一つのチームが変則ダブルヘッダーを担当し、第一試合、第二試合と相手を変えてゆくわけである。

大友も第一試合に投手をやれば、第二試合は外野手をやったりした。入団して三日たって駄目だったら但馬へ帰ろうと決心していたが、何とか一週間、一カ月と続いていった。

千葉は大友のことを後に「キンさん」と呼ぶが、キングコングのように気は優しくて力持ちという由来によるという。一方でいつも童顔でニコニコしているから「金太郎さん」のイメージもあった。千葉はこうも言う。

〈キンさんは巨人入りした時、すでに二十五歳。この年になって初めて硬球を手にしたんやから、えらい苦労やったろう。ワシも初めは「あかんやろな」と見とったが、ようがんばりよった。がんばったというより、性格がよかったからあそこまで伸びたんかもしれん。ゴムマリピッチャーがプロに入ると劣等感で卑屈になってなかなか力を出せんもんやが、キンさんはおっとりニコニコ、素直にコーチ、先輩のいうことを聞いて練習しとった。一年目は制球に難があって、実戦ではほとんど働かんかったが、ブルペンでは別所、藤本をしのぐほどの速い球を投げていた。〉

（『巨人軍の男たち』）

まだ硬式のボールにも慣れていない大友だったが、彼は一人の大投手を間近で見る機会に恵まれた。南海から移籍してきたばかりの別所毅彦だった。じつは別所は昭和二三年の暮れから巨人の強引な引き抜きによって移籍が問題化し、「別所引き抜き事件」と呼ばれるまで発展していた。結局〈巨人軍に罰金一〇万円。別所に二カ月間の出場停止〉が科せられて、彼はシーズンが始まってもしばらくは二軍にいた。大友が投球練習をするたびに、別所が捕手役を買って出てくれた。

大投手を前に硬くなっている大友に別所は言った。

「胸をできるだけ大きく開き胸を張って投球するように」

別所に言われるように胸を張って投げると確かに球速が増した。このとき大友のフォームはスリークウォーターだったが、投球に力が入ってくると、両足の幅が大きくなって体を後方に傾《かし》いで重心を移動させていた。投球の重心を最後まで一貫して低くするから、腕の振りはスリークウォーターであっても、全体を見ると横手投げの動きに見えてしまうのだった。

ちょうど監督の三原脩が四月十四日の南海戦で一塁走者の筒井敬三の守備妨害に怒りを発して、彼を殴るという事件が起こったときだった。いわゆる「三原ポカリ事件」と呼ばれるものだが、三原は連盟から無期限の出場停止（実際は七月二日に解除）を命じられたため、多摩川グラウンドで二軍の練習を見ることが多かった。同様に移籍のために出場停止をくらっている別所とともに二人が大友の投球を見るようになっていた。

ある日、大友が多摩川グラウンドに行くと、三原が別所に話しかけた。

「べーやん（別所）、大友の球を受けてくれんか」

外野のほうに行って別所を相手に投球をやっていると、傍から眺めていた三原が呟いた。

「これは横から投げたら日本一になるぞ」

大友のフォームは自然に体が泳いで、離れて見ると横から投げているように見えた。

彼は言う。

「三原さんが独り言みたいに僕の横に立って言うわけです。でもちゃんと聞こえていました。実際は僕はスリークウォーターですが、サイドスローで投げているように見えるんです。三原さんに言われて直したわけではないですが、後で気がつけば横手投げになるきっかけになったような気がします。コントロールもよくなったし、球のスピードも落ちないんですね」

この頃は投手コーチもいなかったから、大友は自分でいい球を投げることができたと感じたときに、そのフォームで何度も反復練習を行った。

受けてくれる捕手に「今のはどうでした」と聞きながら、ボールのキレや球威を確認した。先輩からアドバイスを受けることもあったが、基本的にはすべてを自分でつくってゆくのが原則だった。この当時の選手は職人のように自ら技術をつくり上げるのが、当然のことだった。新しい球を覚えるにしても自分で密かにつくるものだった。

「先輩から言われる場合もありますが、実際は本当のところは言わないですよ。これから上がってくる選手に親身になって言う人はいない。自分の立場を脅かされるわけですから。だからこっちが聞いても〝こうして投げればいいんだ〟というそれだけです。体重の掛け方がどうで、腕の振りはどうでとかは絶対に言ってくれませんでした」

と大友は語る。後にピッチング・コーチができるようになったが、大友に言わせれば「それだってどこまで本当かわからない。やはり自分でつくるものだ」ということになる。人から教わってできたものは自分のものにならないという信念が彼にはあった。

エリートとは無縁の大友は独学で自分のピッチングフォームを研究し、一軍で活躍できるように自らを高めてきたのだった。

その中で親身になったアドバイスをくれたのが、藤本英雄だった。大友はもともと投げるときの両足のステップが広かった。両肩の二倍ほど足を広げて、踏ん張って投げる。重心移動がきれいに行われると、勢いで体が前方へ跳ねるときもあった。その大きい体重移動が、彼独特の伸びのある球を自然につくり出すことになったし、低めに集まる緻密な制球力のよさも生む原因になった。さらに二軍監督の内堀に指示されて、毎朝四キロのランニングも欠かさなかった。内堀は大友にいつも語った。

「速い球を放れ。速球の完成が第一条件だ」

やがてシーズンオフになると、一軍の選手も一緒に練習を行うようになる。この年から一軍の監督は三原脩に代わって水原茂が務めることになっていた。若い大友は一軍の打者を相手に打撃投手を務めたが、いつしか選手たちから不評を買うようになった。大友の球が速くて、ナチュラルに変化するから打ちづらいというのである。その噂を聞いた水原が、ベンチの前から大友のフォームを見つめていた。

大友は回想する。

「フリーバッティングに放っているうちに、僕の球が速いというわけです。速いうえに真っすぐがナチュラルに変化する。シュートしたりスライドしたり、落ちたりする。だから僕が投げると打つ人が嫌がるのです。バットの芯にも当たらなかった。それを水原さんが見ておられたわけですね」

ある日、水原は大友に初めて話しかけた。

「お前、明日から本気になってピッチング練習をやってみろ」

それまではフリーバッティングしか投げる機会はなく、ピッチング練習といえば全体練習が終わってから、武宮敏明捕手や藤原鉄之助捕手を捕まえて一人で自主練習をするくらいだった。このときから一日はフリーバッティングに、一日は一軍に混じってピッチング練習にと、交互に繰り返して練習できるようになった。別所は大友にこうも言った。

「若いうちには投げられるだけ投げることだ。そうすれば必ずスピードも増す」

突然一軍に昇格したのは昭和二五年の三月十五日だった。すぐに九州八幡球場（北九州市）で行われた西日本パイレーツ戦に先発する機会に恵まれたが、緊張してしまって、二回で二点を失い、ノックアウトされてしまって降板した。水原は、与しやすい西日本戦、場所も気楽に投げられる地方球場を選んでくれたのだが、結果を残すことはできなかった。水原はそれでも根気よく使ってくれたが、何度登板してもふだんの力を発揮できない。大友に言わせれば「功名手柄を立てようと気負いが過ぎた」のだという。結局六月には再び二軍に降格されてしまった。たった三カ月の一軍生活だった。

大友は言う。

「もう出るたびに打たれて止まらない。ノックアウトくらっても水原さんは出してくれたね。本当の力がいつか出るだろうということだったんですね。それで二軍の遠征があるということで、水原さんから〝もういっぺん二軍で投げて来い、練習して来い。必ず呼んでやるから〟と二軍に帯同するようになりました」

だが二軍に落ちて積極的に試合に登板するようになると投球のコツを掴み、自然とプレート度胸もついて二軍戦ではたちまち一〇勝を挙げてしまった。九月のある日だった。遠征先に水原から突然電話があり、訝しげに受話器を取ると、水原は弾んだ声で言った。

「大友すぐ一軍に復帰せえ」

この年二二勝を挙げた別所が肋骨にひびが入って投げられず、二六勝を挙げた藤本英雄も痔の手術で試合から遠ざかってしまったからだった。さらにはチーム状態も悪く、松竹ロビンスに独走され、優勝も絶望的な状況だった。その中で水原は残り試合を若手選手の経験の場と考えて、積極的に大友を起用しようとしたのだった。一軍のマウンドでも落ち着

厳しい練習のあいまのチームメイトとの旅行。左2人目が大友。大友の右がウォーリー与那嶺。

いて投げられるようになった大友は、一五試合に投げて四勝四敗の成績を残した。完投も五度を記録した。この成果が大きな自信になった。

大友は言う。

「その年はもう優勝できないと分かっていたわけです。それで水原さんは僕にほとんど全試合を投げさせてくれました。一カ月で三勝か四勝をしました。これが自信になったわけです」

野球ファンは大友の投球を見て、「藤本の生き写しのようだ」と感想を洩らした。右腕の流れ、足の構え、さらにスライダーを得意とする点もまったく同じだった。違いといえば、藤本のほうが背が一回り高く、横幅は逆に大友が広いという点だった。

当時のプロ野球は巨人戦と言っても内野席がいっぱいになるくらいで外野席は閑散としていた。後楽園球場で試合を行うときはそれでも客は入ったが、外野席が満員になることはなかった。

昭和二六年になると、大友と同時期に入団した左腕の松田清が当時のプロ野球記録である一九連勝を挙げて大活躍した年だった。松田のこの年は二三勝三敗、防御率二・〇一で、勝率〇・八八五はリーグ一位で新人王も獲得した（松田は二年目だったが、これまで一軍登板はなかったので新人王の資格があった）。大友も松田の活躍に刺激されて、一一勝四敗を挙げた。防御率は二・四一でリーグ三位だった。一カ月で四勝した月もあって、「ほとんど松田と二人で投げていた」と語っている。この年の飛躍には直球の他にスライダーを覚えたことが大きな要因になった。そこには大友の天性の利点があった。他の指に比べて中指だけが一関節長かったのである。そこから天然のスライダーを生み出した。

彼はこう述べている。


〈僕がスライダーというボールを会得したのは、昭和二十六年頃からだろう。それ以前にも僕が直球を投げると、球が自然曲ってしまう。その為にコントロールがつかず、随分難儀したが、よく〳〵僕の手を眺めてみれば、中指だけが馬鹿に長いではないか。僕の手そのものは大して大きいわけではないのに、他の指にくらべて中指だけが長い。それで、その指に特別な力が加わって球がスライドするのだということが解った。初めはそのために直球が投げられないので、手首をカーブとは逆に右にひねってまで直球を出そうとした。しかし、その後ナチュラルでなく意識的にスライダーが投げられる様になったのだった。〉（『ベースボールマガジン』昭和二八年十月号）

現在の大友の口を借りて、説明をすればこうである。

「僕は直球主体だけど、中指がこんなに長いから、投げたときにボールが最後に中指にかかるわけです。だからアウトコースにゆくとびゅっとナチュラルスライダーをするのです。中指は曲がりっぱなしで、野球で神経がやられてしまった。肉も削られてしまって箸も持てませんでした。握力だけがわずかに残っています」

全力投球をすれば、自然とボールが曲がってしまう。とくにアウトコースへ投げると曲がってしまうからボール球になる。そのため外角へ投げるときには力を意識的に抜いていた。さらにシュート回転をかけると真っすぐの球になった。フリーバッティングに投げるときは球に変化がかかると打者が嫌がるので、意図的に力を抜いて真っすぐな球を投げるように心がけた。打撃練習が終わった後、すぐに捕手を座らせて、全力で投げてボールにスライドがかかるか、確認した。そこでスライドがかかっていれば安心した。

もう一つは藤本のアドバイスだった。大友が調子を崩して打たれる場合には「ステップが広すぎるから打たれるんだ」と特異なフォームを理由に非難を受けるときがあった。思いあぐねて歩幅を狭くすると、球の速さが落ちて、投球が安定しない。足を広げたり、狭めたりと試行錯誤をしているうちに焦りが生じて成績も上がらない。ある日、隣で投球練習をしていた藤本が大友を見つめた。

「君は足のことばかり気にしているが、いったい何をしているんだね?」

大友は思い余って藤本に尋ねた。

「僕のステップは大きいと注意する人がいるんですけど、直したほうがいいでしょうか?」

藤本はきっぱりと言った。

「何言ってるんだ。このステップがいい球を出しているんじゃないか。歩幅を狭くして肝心のスピードを殺したらどうする気だね。自分の特徴は活かさなくてはいけないよ。そんなもん直す必要がない」

さらに藤本は助言した。

「ステップを広くしてフォームが崩れるなら君の足の鍛え方が足りないんだ」

さらに藤本は言った。大友のフォームは大きく、投げ終わった後も体が伸びきってしまい、すぐに守備動作に切り替えることが困難だった。その欠点も周囲は批判していた。

「投手は投げることだ。セットポジションで投げると守備まで駄目になるというけど、守備まで考える必要はない。お前の後ろに七人がいるわけだから、彼らに任せて思い切り投げればいいんだ」

そのときから吹っ切れたように投げることに集中することができるようになった。大友の球に一段と伸びが加わり、評価が高まってきたのはこのときからだった。大友はこのときの感慨を述べている。


〈嬉しかった。迷いの夢がさめた。自分の進む方向が決定した。ステップを狭くすると藤本投手の指摘した通りスピードが鈍る。ステップを狭くしたくなかった。そうだ足を鍛えることだ。足を鍛えれば腰も自然に強くなる。腰が安定すればフォームは乱れない。〉

（『野球界』昭和二八年十二月号）

藤本から助言された翌日から大友はひたすら足腰を強くしようと走った。

遠征先の旅館にてチームメイトとのひととき。右端が大友、左端は広岡達朗。

「すべては走ることで解決される」

彼はそう信じた。そして長い間の迷いからさめた。

プロ入り初めての二桁勝利を挙げたのはこの年だった。

「もともと足腰が強かったこともあります。兵隊から帰って山仕事で鍛えていましたからね。一山買って木を切って炭を焼いたりしていました。ああいうことをやると体が強くなります。トレーナーの小守さんが〝大友君の腰は凄いな。日本一の腰だな〟と言ってくれたのを憶えています」

事実、大友の腰は常人のふた回りをゆうに超える太さがあった。身長は一七五センチとそれほどでもなかったが、彼の馬力を生み出すのは腰の逞しさだった。

昭和二六年の巨人は松田の二三勝に刺激されて、別所二一勝、藤本一五勝、大友一一勝と投手陣が安定して、二位名古屋に一八ゲーム差をつけての優勝を飾った。日本シリーズでも南海を相手に四勝一敗と下して優勝を果たした。

3　MVP・最多勝・沢村賞・最優秀勝率のタイトル総なめ

翌昭和二七年になると巨人はハワイの二世選手広田順、西田亨を補強した。前年にハワイから与那嶺要（ウォーリー与那嶺）を獲得していたからハワイ出身の選手は三人となった。この年から初めてフランチャイズ制が敷かれ、巨人は後楽園球場を本拠地とした。序盤戦には昨年大活躍した松田が調子を崩し、藤本も例年の安定さを欠いて、巨人はもたつく格好となった。チームを支えたのは別所と大友の二人だった。とくに大友は春の明石キャンプから好調を続けて、シーズンが始まってもすばらしいできばえを見せた。四月二十日に後楽園球場で行われた阪神とのダブルヘッダーの第一戦に登板し、五安打に抑える完封勝利を収めた。とくに巨人より上位にある名古屋、阪神を相手に好投したことが、四月下旬の巨人の首位奪還に大きく貢献したのだった。とくにスライダーを会得し、球威もついたことが好調の原因となった。配球についても慎重すぎるほど慎重だった。

〈すなわち大友の過去における対戦振りをみると、最も打たれ易い腰から上の球を絶対に投げないことだ。スピードある有効なスライダーを低目〳〵と衝いて、打者のタイミングをはずしていることが成功したので、あれだけ低目を攻められると一寸した打者でも打ちにくい。〉

（『ベースボールマガジン』昭和二七年七月号）

七月二十六日に難波球場で行われた松竹ロビンス戦でも大友は記録に残る見事な投球を見せた。二回に五点を奪って、序盤から巨人の一方的な試合となったが、大友は二回に金山に四球を許しただけで、相手に一塁も踏ませぬ投球を続けてゆく。巨人は七回に四点、八回に七点、九回に一点と次々に加点して計一七点を奪う猛攻ぶりだった。その中で大友は気を抜くことなく、伸びのある速球とスライダーを武器に打者を丹念に打ち取ってゆく。

折りしも彼は六月十五日の松竹戦、七月十二日の名古屋戦と二試合続けて負け投手となるなど調子を崩していた。自分のフォームを崩してしまったのだろうかと思い悩んでいた。ウォーミングアップを始めてからも自信が全然つかないでいた。思いあまって別所のところに相談にゆくと、血相を変えて怒った。

「何だって、自信がない？　今頃自信がないなんてかっこうがつかんじゃないか」

別所はそう言いながらも大友の傍まで来て投球を見てくれた。

「お前の球はスライドするやつが一番いいんだ」

そして体全体に力が入り過ぎていて、そのために体重が後ろに残っている点を指摘した。それを修正するためには左足をもっと曲げて体重を前にかければよいと別所は助言した。大友はそのとおりに投げてみると、球は急速に伸びを増して外角へ鋭くスライドした。彼はようやく自信を取り戻してマウンドに向かったのだった。

試合ではただ体重を前にかけることだけを考えて投げることにした。試合の途中で何度もベン

水原茂監督（背番号33）を囲んで巨人の投手陣。左端が大友。右端は投手の馬場（後のジャイアント馬場）。

チにいる別所を振り返って確認を取った。

「よし、それでいいぞ」

別所がうなずくと、自信に後押しされて大友の球は走り出した。松竹は大友の球威に恐れをなしたのか不思議と打ってこなかった。九回を終わってみると、松竹打線をノーヒット、一つの四球だけに抑える無安打無得点試合（ノーヒット・ノーラン）となった。奪った三振は一三個だった。一七点差があったにもかかわらず、一球たりとも気を抜かず、無安打無得点試合を達成してしまうところに大友の真面目さがあった。

彼は言う。

「ノーヒット・ノーランはよく憶えています。一七対〇ですから、これは自分でも値打ちがあると思っています。一生懸命投げている証拠です。金山さんに四球一個ですが、打たれて危ないのは二、三本ありました。ファインプレーに救われたんです。それがなかったら達成できませんでした。別所さんなんて、九回ツーアウト、ツースリーで変なバッターに打たれて完全試合もノーヒット・ノーランもなくなっていますからね」

この年の六月十五日、別所は松竹戦で九回二死まで一人の走者も出していなかったが、神崎というブルペン捕手が代打に出て、彼に当たり損ねの遊撃内野安打を許して記録を逃してしまった。神崎の安打はプロ在籍四年でこのとき一回限りで、それが大記録を阻む一打になった。

当時、読売新聞記者の吉田和夫は大友の印象を述べている。

〈体を極端に右に倒して投げるため、右打者にとってはボールの出がつかみにくく、どうしても体が開いてしまう。しかも浮き上がるようにして胸元に食い込んでくるシュート。詰まるか、いい当たりをしてもファウルになる。その上、外角へのスライダーがある。右手の中指が人より長いため、自然に変化していた。左右の揺さぶり、当時このタイプの投手は少なく、攻略するのが難しかった。〉

(『人物で綴る六六年　巨人軍の一〇〇人』)

大友が飛躍的に伸びた要因を語っている。

「だんだんよくなった感じです。自信がついて投げるということがわかってきたわけです。それと捕手の言うとおりに投げました。当時の捕手は楠安夫さんで、もうヨタヨタで送球してもボールが二塁まで届かなかった。二七年にハワイから広田順が来て、〝僕の言うとおり放れ〟と言うわけです。〝打たれたらどうするか〟と言うと〝僕奢るよ〟と答える。面白い男でした。彼の言うとおり投げたら打たれなかった」

打たれるとすれば、真ん中よりの球だった。インコースに放るつもりが真ん中に行ってしまったり、スライダーが真ん中にスライドしてしまったりというケースだった。スライダーは外角に投げれば抜群の威力を示すが、真ん中にゆけば一番打ちやすい球になる。

「いい投手だったら、自分の力で真ん中近くに投げても打たれないですよ。でもアウトコースに投げようと思って真ん中に行ったらボールが死んでしまう。すごく打ちやすくなるわけで皆打つわけです」

大友は自分が試合で投げまくったことについて、打たれてしまったら今度いつ試合に出してもらえるか分からないという不安感を挙げている。

「いい投手になろうと思いました。いい投手になればお金が入るわけです。金が欲しいわけです。給料を上げて欲しい。それには投げないとお金にならない。投げていい成績を取りたいわけです」

と大友は言い、投げられるときにどんどん投げようという気持ちになっていた。前の投手が打たれると、監督の水原の前をうろうろと歩いて、自分のほうに目を向けてもらえるように動いたりもした。そういうデモンストレーションを行って、登板の機会をつくった。

この年大友は四〇試合に登板して一七勝八敗、防御率は二・二五で四位だった。別所の三三勝に次ぐ、チーム二位の勝ち星で次第に主力投手としての地位を確実なものとしていた。巨人はこの年も優勝し、日本シリーズも前年に続いて南海と対戦したが、これも四勝二敗で下している。

「一七勝は挙げたけど、あの頃はこの程度の勝ち星じゃ駄目ですね。やはり二〇勝しないと印象が残らないいんじゃないですか」

大友はそう言う。彼が二〇勝の大台に到達するのは翌年だった。

翌二八年の春季キャンプではさらに走りまくった。じつはアメリカでの春季キャンプが行われたが、渡米前の練習で右肘を痛めてしまったのだった。ボールが捕手のところまで届かない。水原も愛想を尽かして「今年は駄目だ」とぼやいていた。ロサンジェルス郊外サンタマリアまでやってきたが、投げられないために弱ったなと呟いていると、川上がやってきて助言してくれた。

「投げんでいいから、走っておれ。それが一番いい」

大友は選手たちが投げたり、打ったりしている姿を遠目に見ながら、サンタマリアのグラウンドを走ってばかりいた。ただ走るだけではなく、フルスピードで短距離を走り、すぐに勢いを緩めて流すという方法を交互に繰り返した。これがとても効果を与えた。もともと強かった腰のバネと足がさらに鍛えられ、シュートの制球力がよくなったのだった。

とくにロサンジェルスの気候は乾燥していたので、温暖な天気も影響して肘も回復してきた。日本に帰る頃にはすっかり治ってしまっていたのである。シュートに自信を持って投げられるようになったので、シュートと逆に曲がるスライダーも威力を増すようになった。この二種類の球のコンビネーションを主体にして投球を組み立てることができたのが大きな進歩だった。

その結果二七勝六敗、防御率一・八五という自己最高の成績を残した。勝ち星の二七勝はリーグ一位で最多勝、防御率も一位、さらに勝率の〇・八一八も一位で、最多勝利、最高勝率、最優秀防御率の投手三冠を獲得した他、MVP、沢村賞、ベストナインとすべてのタイトルを総なめにしてしまった。この年は藤本一七勝、別所一六勝だから巨人がいかに大友の右腕を頼りにしていたかが分かる。

大友の長所は勝ち星が増えても、負け数が少ない点にあった。同時に年間四〇試合以上、二〇〇イニングスを超える投球回数を四年続けて投げぬいたというタフさに特色があった。

大友によれば負け数が少ないことには運も左右したと語っている。打たれても交代した途端に味方が打ってくれて自分の負けが消えた試合も多かった。同時に打たれて降板したら味方が大量得点を取ってくれて勝ち投手になった試合もあった。

「僕が投げると打ち出すんですよ。そういう巡り合わせがありました。これを長い間やっていると、そういう感覚が植えつけられるんですね。すると〝俺が出ると打ってくれる〟という勘がチームに生まれる。逆に自分が出ると打線が打ってくれないという場合もある。それが念頭にあると本当に味方は打ってくれない。これは運しかない」

水原は投手の交代のめどを五回投げて五点取られたら否応なしに代えるという方針を採っていた。巨人が序盤で六点、七点取ってくれても、投手は五点を取られた時点で降板となる。さらに

投手部門のタイトルを総なめにして、巨人軍のエースとなる。自宅にて。

五回まで二点で抑えていても六回以降になって、三点を取られたら、そこでもすぐに他の投手と代えさせた。それは巨人が大量のリードを奪っているときでも同じだった。

水原はつねに投手陣に言っていた。

「よそのチームだったら三点取られたら交代だ。うちは五点が勝負だから、いいほうなんだぞ。巨人は打つから五点にしたんだ」

大友は語る。

「こちらは必死ですよ。せっかく前半を一点に抑えていても、味方が勝っていようが後半に三点を取られたら代えられてしまう。勝ち星が消えることになりますからね」

この年から昭和三〇年頃まで大友の全盛期に入るが、もっとも球に伸びのあった時期でもあった。打者の胸のあたりに投げると、下から投げているから、ホームベース付近から浮き上がってゆく。打者にとってはホームランボールに近く、打ちやすい高さに見える。バットを思い切り振ってゆくと、ボールはバットのはるか上を通過してしまう。かと思えば外角にシュートを投げてボールを落とした。内角にシュートを投げると内側に鋭く曲がるが、大友の場合外角に投げると、サイドスローという特徴もあって、ボールの回転が下向きにかかった。すると下に向けてシュート回転してボールが鋭く落ちた。この二種類の攻め方をして打者を牛耳った。とくに広島、阪神はバットを大きく振り回してきたから、大友の球をなかなか打てなかった。広島に対しては昭和二七年十月八日から二九年九月十五日まで同一チーム一八連勝という記録も持っている。二九年九月二十三日に一対二で広島に敗れたが、その後も一二連勝するなど徹底的にカモにした。広島相手にこの七年間で四一勝三敗、勝率〇・九三二という数字を残している。

大友は言う。

「広島はチームが出来てまだ間もなかった。門前（眞佐人）さん、小鶴誠さんなど古い選手がいましたね。金山さんは僕に向かって〝この野郎、まっすぐ放れよ〟と言って怖かったです。だいたい僕のピッチングは大振りするチームには強いんです。広島と阪神で月給をもらっているようなものでした」

大友はサイドスローでありながら、左打者を苦にしないところに特徴があった。ふつうは横から投げる投手は左打者には弱い。だが彼に言わせればコントロールがよければ左打者には打たれることはないという。いわゆる左打者の懐をスライダーで突くとバットの根っこに当たって、内野ゴロやポップフライに打ち取ることができた。とくに大友は西鉄ライオンズの大下弘をカモにしていた。大下とは昭和三〇年代に日本シリーズで何度も顔を合わせることになるが、彼はまた一発を狙って振り回してもきたので、大友のスライダーの餌食になってしまった。

大下は大友の顔を見るたび、苦笑して言った。

「キンちゃん、今度は打たせよ、打たせよ」

左打者に打たれる場合は、外角へシュートを投げた球をきれいに合わされて三塁手の上を抜かれるときがあった。あるいは三塁と遊撃の間をゴロで抜かれるケースもあった。

大友がエースのときには一塁には川上哲治、二塁には千葉茂が守っていた。とくに千葉はふだんはもっそりとして口も利いてくれない。「もののも言わないんだ。とても怖かった」と彼は言う。しかも相手に打たれてしまうと、千葉は背後から「ちゃんとせえ！」と怒鳴った。その一言に凄みがあった。川上も「何やっとるんだ、お前は！」と一塁ベースから怒った。その一方で川上はこっそりとマウンドまでやってきて呟くのだった。

「キン、お前はファーストに打たれるなよ」

川上は守備が苦手だから、ボールが来ると困るのである。

「いいか、ファーストじゃなくて、サードに打たせろよ」

そう言って一塁の守備位置に戻ると、今度は二塁の千葉のほうを見て、大きく手招きする。

「おーい、もっとこっち寄れ！」

千葉が一塁寄りに守ると、二遊間ががら空きになってしまった。大友が振り返って見ると、川上のすぐ隣りに千葉が並んで守っている。大友は呆気に取られていると、千葉が川上に反論する。

「ほら見ろ、ピッチャーが怒っているぞ」

だが川上は気にするふうでもなし平然と構えている。川上はさらに大友に言う。

「キン、こっちには打たすなよ」

川上は一塁へ少しでも変化のあるゴロやフライが来ると捕ろうとしなかった。すべて千葉に任せるのである。風のある日にフライが上がると、自分は避けて「千葉、捕ってくれ」と叫ぶ。一二塁間にゴロがゆくと、「千葉頼む！」とすぐに一塁ベースに張り付いてしまう。それを千葉が深々と追いかけて、難なく捌いてアウトにした。それだけに名手千葉は大変だった。千葉はよく自分で「川上が捕らんからワシは一・二塁手や」と冗談を言っていた。

川上は足は速くなかったが、よく盗塁をしたがった。昭和二八年には三四七の高打率で首位打者になっているが、このときに盗塁を二二記録して、チームトップの盗塁数を誇っている。二八年にも二六の盗塁をしている。これもチーム一の盗塁数である。もっとも大友に言わせれば相手の投手が無警戒なので走りやすかったということになる。「川上は足が遅いから絶対走ってこない」と投手は思っているから、その隙をついて一試合に一回は盗塁を成功させていたのである。「打つだけの人」というレッテルに抵抗するために川上なりに考えたプレーでもあった。

この年（二八年）の九月二日の松竹戦には大友は「準完全試合」を記録している。巨人は初回に三点、二回に二点を奪って一方的な試合展開としたが、大友も大量点に守られて前半はのびのびと投げていた。横から投げる速球が自在に浮いたり沈んだりして、相手打者を寄せ付けない。

手元にくれば横にスライドしたり、シュートしたりと相手をてこずらせる。まだ塁上に出た走者はいなかった。五回に巨人はさらに一点を追加すると、両軍ベンチが次第にざわめきだした。

「大友は完全試合をするのではないか」

そんな声が高まった。相変わらず大友は一人の走者も許していなかった。彼自身も五回頃から完全試合を意識し始めた。彼は報知新聞にこう答えている。

「松竹ベンチがさかんにやじるので五回ごろから意識していました。調子はよかったが、できるという自信はなかった」

記録を意識すれば緊張してしまって自分のリズムを狂わせてしまう投手もいるが、大友は逆だった。俄然全力投球を続けて、さらに力で押しまくった。六回も三人で片付ける。スライダーの切れ味は抜群で、さらにボールがホームベース手前で急に浮き上がるものだから、打者は悉くポップフライか内野ゴロに打ち取られていった。七回も三人で片付けた。水原も捕手を若手の広田から、ベテランの楠に代えて、大友の心理を和らげようとした。八回もワンアウトを取ると松竹は五番の岩本を打席に迎えた。大友はいっそう張り切って球を投げ込む。力が入りすぎてスライダーは外角に外れてボールになった。さらに二球目はストライクゾーン高めぎりぎりの速球で、球の速さにつられた岩本はバットを振ってしまい空振りとなった。カウントが一―一となって、三球目はさらに直球勝負をかけた。これが手元が狂い、外角から内側に入った高めの球となってしまった。打球はライナーで左中間を深々と抜ける二塁打になってしまった。観衆のため息が球場内に響いた。記録が途切れた瞬間だった。

大友は完全試合の望みがなくなっても緊張の糸を切らすことなく、冷静に打者に対して対処して、安打は岩本に許した一本に抑えた。終わってみれば一人の走者を出しただけの準完全試合だった。

この年（二八年）、大友はＭＶＰに輝き、副賞は一〇万円相当の物が贈られることになったが、大友は係の人間に「腕時計が欲しい」と呟いた。怪訝な顔をする係の者は「時計がお好きなんですか？」と尋ねた。大友は急いで両手をテーブルの下に引っ込めたが、彼はこのときまで腕時計を持っていなかった。軟式上がりのテスト生出身で、時計も買えないほどの貧乏暮らしが続いていたのであった。

「戦後初めて腕時計をしたよ」

と大喜びの大友は、優勝祝賀会で派手なエピソードを残した。

〈キンさんにはもう一つ特技があった。人間ポンプや。昭和二十八年やった。ワシもよう働いた。キンさんも投手三冠王プラス沢村賞や。……この年の優勝祝賀会でキンさんが涙を流しながら大はしゃぎしよった。ビールを腹いっぱい飲んだんやが、それでもまだうれしさを表現し切れんかったらしい。突然、テーブルの上にあったガラスのコップをがりがりかじり始めよった。みんなびっくりして止めたんやが、キンさんはとうとう一個丸ごとかじって飲み込んでしもうた。

ビール飲んで、コップを食って、腹の中でもういっぺん乾杯したわけや。〉（『巨人軍の男たち』）

4　日本初の大リーグ相手に完投勝利

昭和二八年は巨人がペナントレースを制して、三度南海と顔を合わせたが、四勝二敗一分で退けて日本一になっている。優勝を決めた第七戦では大友は別所のリリーフに立ち、勝利投手になっている。文字どおり胴上げ投手となったわけで、優勝が決まった瞬間ナインからバンザイをした格好で何度も胴上げされている。日本シリーズでは第四戦での完封勝利が光って最優秀投手に選ばれている。大友が球史に残る活躍をしたのは、公式戦だけではなかった。この年は十月十四日にドゥロチャー監督率いるニューヨーク・ジャイアンツが来日した。米大リーグ単独チームでの来日は初めてのことだった。

当時のメジャーリーグと日本野球とは雲泥の差があった。

千葉は言う。

〈昭和二八年秋、大リーグのニューヨーク（現サンフランシスコ）ジャイアンツが日本に来て一二勝一敗一分で帰りよった。今みたいにポンコツの助っ人外人が役に立たん時代やない。大リーグといえば、ワシらには神様みたいな雲の上の存在やった。フンドシかつぎが横綱にけい古をつけてもらうようなもんやった。〉（『巨人軍の男たち』）

その横綱相手に大友は快投を演じることになる。ジャイアンツの唯一の敗北は大友にやられたものだった。第一〇戦となる巨人対ジャイアンツ戦は十月三十一日後楽園球場で行われた。試合前大友は捕手の広田を相手に肩慣らしをしたが、いつもより肩が軽い感じがした。広田は球を受けると、「今日はよく伸びているヨ」と褒めた。大友も相手が大リーガーだからどこまで通用するか分からないが、自分として最上の投球をしようと考えていた。広田は彼の思いを知ってか知らずか「勝とう、勝とうよ」と心から励ました。

これまで日本軍は一勝もしていないが、松竹ロビンスの監督である小西得郎はネット裏から観戦し、今のニューヨーク・ジャイアンツの勢いを止めるのは巨人の大友か、国鉄の金田しかいないだろうと予想した。

巨人の先発は大友、ジャイアンツの先発はウォーシントンで始まった。巨人は長身から投げ下ろすウォーシントンの快速球に対応するため、ミート主体の当ててゆく戦法を取った。大友も肩が軽く、初回から浮き上がる直球を武器に、ジャイアンツ打線を手玉に取ってゆく。一回の表は一番、二番打者をライトへのフライに打ち取り、三番打者を三振に取った。巨人は当ててゆく打撃がさっそく功を奏し、一回の裏に一番平井が二塁手の頭上を抜くライト前へのテキサス安打で出塁する。巨人は二番南村侑広の二球目にすかさずヒットエンドランを試みるが、平井は刺されて得点はならなかった。だがこの積極策がチームに勢いを与えた。二回の裏に巨人は先制する。一死後五番宇野光雄が四球で出塁すると、七番岩本堯がライト前にしぶとく安打を打って一・二塁となると、打席には七番捕手の広田が入った。広田も持ち前のパワーを捨ててミート打法に変えてゆく。広田も二塁の左をゴロで抜く安打となって、二塁走者宇野が生還して、先制点を挙げた。

大友は二回に四番アーヴィン、五番ローズに安打を打たれて、無死二・三塁のピンチを迎えたが、彼は動揺することなく、六番ホフマンを投手へのゴロ、七番スペンサーを三振、八番ウェストラムには敬遠と見せかけていきなり勝負をかけて遊撃への小フライに打ち取った。広田はこの試合で思い切って従来のリードとは違った方法をとった。大リーグ相手には低めに投げさせていれば長打を防ぐことができるというのが鉄則だったが、この試合は徹底して高めを突くことにした。低めを強引に引っ張ってくる外国人選手の弱点は高めと見たのである。広田は中腰に構えるほど、腰を浮かして、ボールを高めに投げやすいように工夫した。

日ごろサイドスローを見たこともないジャイアンツの選手たちは「地球の下からボールが飛び出してきた！」と驚いたし、ドゥロチャー監督も「大リーグでも一流になれる。連れて帰りたい」とまで褒めちぎった。

大友は高めのスライダーを勝負球にすると、三回、四回は三者凡退で切り抜けた。五回も四球で走者を一人出しただけで、完璧な投球を続けている。ここまで奪った三振は四個、安打も二本しか打たれていない。高めは本塁打される危険な球だったが、大友の場合は浮き上がってくるので、ストライクゾーンいっぱいに来ても、打者が振った瞬間にボール球になってしまう。この球にジャイアンツの選手たちは悉く引っかかってしまって、空振りを繰り返した。高めに慣れてくると、すかさず低めぎりぎりに速球を投げ込み、あまりの落差に打者は手が出ないのだった。

このままでゆけば昭和九年に沢村栄治が全米チームを相手に好投したとき以来の日本野球界の歴史的な試合になる可能性が大きくなった。

報知新聞は記す。

〈大友は球速があり球が伸びていたうえにシュートもまたよく切れ、スライダーはあるいは浮き、あるいは沈んでいた。〉

これらを総括して〈大友生涯の好投といってよい〉とまで賞賛するほどだった。六回になるとこれまで全力投球をしていた大友の投球がやや乱れ始めた。疲れて球威が落ちたシュートを、一番サムフォードが詰まりながらも右中間へ二塁打して、無死二塁となった。続く二番ミューラーのライトへのフライで、サムフォードが三塁まで進んだ。ここで三番トムソンを迎えた。これまでトムソンは大友の前に三振、センターフライとまったく当たっていない。大友はセオリーどおりに高めに速球を投げたが、コースが内角に甘く入ってしまった。トムソンはライトの右に大きな飛球を打つと、もっとも深い右中間をまっぷたつに破ってしまった。サムフォードが悠々と生還する。トムソンも楽々と三塁まで進んだ。これで一対一の同点になってしまった。一死三塁でジャイアンツ逆転の機会だったが、ここで大友は懸命の踏ん張りを見せた。四番アーヴィンに外野フライさえ打たせず、投手ゴロに仕留めたのだった。五番ローズも一塁ゴロに終わって、最大のピンチを切り抜けた。

一点を許して走者三塁で、四番、五番を迎えたにもかかわらず、追加点を阻んだことは、〈もしもあのときアーヴィンが投ゴロしなければ恐らくジャイアンツにもう一点取られていただろうし、そうなれば巨人には勝目はなかった。ここが勝敗の岐れ目になったと思う〉と小西得郎に言わしめる結果となった。

大友も一点を奪われたことで「一対〇で勝ってやろうという気負いが取れて楽になった」と語っている。彼は再び落ち着きを取り戻して、七回を三者連続三振、一塁打こそ打たれたものの、後続をライトフライに抑えて〇点で終わらせた。八回も一安打を打たれたが〇点に抑えて、巨人の攻撃を迎えた。六回からジャイアンツはナックルボールを得意とするウィルヘルムをマウンドに送って必勝の構えに出た。捕手はナックルに合わせて平べったいミットに替えた。蝶々みたいに球が揺れて、一気に落ちた。八回の裏、先頭打者の内藤が遊撃へのゴロに倒れた後だった。打順は一番の平井に回ったが、これまで平井はジャイアンツ相手に二打席二安打と当たっている。ウィルヘルムは初球もナックルでストライク、二球目もナックルを投げた。左右にボールが揺れながら打者の手元で沈む。だがこれはボールになった。カウント一―一の三球目にウィルヘルムは三度ナックルを投げてきた。これが平井の懐に入ってきたものだから、思い切りバットを振ると、打球はレフトのポールをぎりぎりに巻き込んだ決勝の本塁打になった。この瞬間、場内は割れるような騒ぎになった。

残すは九回のジャイアンツの攻撃のみである。大友はマウンドに上がるとき、「負けても大リーガーだからもともとだ。正面から正々堂々と投げよう」と胸に刻み込んだ。すでに日本で三本の本塁打を打っている五番ローズを一塁へのフライ、六番ホフマンはレフト前に安打を放ったが、大友は慌てなかった。七番スペンサーは三振、最後の打者ウェストラムはレフトへのフライに終わって試合は終了した。勝利の瞬間、ボールを摑んだレフトの樋笠一夫は、すぐに後ろに向いて惜しげもなくボールをスタンドに投げ込んだ。

まだ日本の野球とアメリカの野球が雲泥の差があった時代に、巨人の勝利に観衆は歓喜して座布団の雨を降らした。

このときジャイアンツの監督ドゥロチャーは呟いた。

「今日の大友のピッチングはまったくすばらしい出来だった。各種の球を使い分けながら完投したのはまさに大リーグ級の投手の出来といっていい。平井のホームランは手痛かったが、まず勝因は大友の好投というべきであろう」

さらにドゥロチャーはこうも洩らした。

「二、五、九回ランナーを塁におきながらスペンサーが三回とも三振に倒れたのが、敗因の一つになった」

スペンサーは後に阪急ブレーブスに入団して、チームの初優勝に貢献するが、この試合では四打席四三振とまったく大友に手が出なかった。「大友の外角へのスライダーと浮き上がる球にはまったく困った」と感想を述べている。

大友は「広田さんが中腰で捕るくらい、徹底的に高めを突いた。こんな感激はない」と語っている。大リーガーを完投で一点に抑えたのは、昭和九年の沢村栄治が静岡草薙球場で記録して以来（ただし沢村は敗戦投手となっている）であった。完投して勝利投手という点から言えば大友が第一号であった。

大友は当時の感想を述べている。

「パワーが日本とは全然違いましたね。彼らはバットの先に当たっても、バットが割れてもヒットになるんです。そのためボールの重みとコントロールがないとヒットになってしまう。シュートを投げてバットの根っこに当たってもサードの上を越すんです。恐怖感はありましたよ。怖かったです。ちょっとコントロールを間違えばえらいことになる。バットを短く持ってちゃんと当てるとかエンドランをするとか、上手さは日本のほうがありました」

ただし、何もかも振り回してくる点を見て「彼らは頭が悪いんじゃないか」とも大友は思ったという。とくにスペンサーは四回も三振に取られているのに、それでも振り回すのを見て、彼は気がついた。

「三振を何度もしているのに同じ振り方をしている。誰も工夫もしない。そんなの見ても大リーグだとは思わん。要するに彼らが考えているのはホームランを打つことなんです。そうすれば商品がもの凄くもらえるわけです。それを狙っているんです。平井さんがナックルをホームランしたのだって、ウイルヘルムはナックル一点張りでまったく勉強しないわけです。これは遊びに来ているんだと思いましたね」

このとき二塁を守っていた千葉は日本の勝利を評する。

〈ワシらは大友の好投はもとより、日本の野球そのものがほめてもらえたような気がして感動したのをよう覚えとる。それまでワシらの大リーグ観は過大すぎた。勝つことはもちろん、善戦するのも無理と思い込んどった。ところが、どうや。キンさんが見事に勝ちよった。ワシらの卑屈なコンプレックスを払いのける快投を見せてくれた。この一勝がどれだけ意義深いものかは、当時のナインはよう知っとる。〉

（『巨人軍の男たち』）

日本選手のコンプレックスを払拭するのに、大友は試合の前日にあることをやって、皆の緊張を解こうとした。キングコングの真似である。彼は酒が入るとキングコングの真似が十八番だったが、彼自身は言っている。

「アメリカに行ったときにヘルメットにパンツ一丁、猿股で裸になって上半身に力を入れて猿のマネをするとキングコングになるわけです。そこから〝キンさん〟と呼ばれるようになった。

二軍監督の宇野さんがつけたあだ名じゃなかったかと思う」
大友はジャイアンツ戦の前日も酒を飲んで、キングコングの真似をした。ユニフォームを脱いで、パンツ一丁になって、背中を丸めてほっぺたを膨らませた。両手をだらりと下げてのっしのっしと歩く姿はキングコングそっくりだった。
千葉は述べる。

〈本物のメスゴリラもなついてきそうな迫力やった。このキングコングのおかげでワシらはリラックスして対戦できた。コンプレックスも消し飛んだもんや。〉

（『巨人軍の男たち』）

雑誌『野球界』昭和二九年三月号で、吉田要は述べた。

〈ニューヨーク・ジャイアンツの強打者連中も手古摺った。この奇形投手のモーションから投げ出される球が、普通の投手のように打ちい、はずはあり得ない。下手投げで棒球がないのみならず、凄いシュートとシンカーを持っているからだ。その上非常にスピードがある。下手投げといっても武末（筆者注：武末悉昌、南海の投手で新人で二一勝を挙げた）のように、ウエイトを残した下手投げとちがって、完全に投球にウエイトをのっけたような下手投げだけに、球質は極めて重い。重いということはシュートする可能性も多い何よりの証拠である。その上大友投手はスライダーという武器を持っている。

この球は浮き上がる上に急な速度を加えたものだけに、打者の方はつい振り遅れたり、つり球的なものに引っかゝりやすい。〉

練習のあいまに。右が大友、左が堀内（庄）。

藤本英雄が年々と力が衰える中にあって、大友は別所とともにチームの両輪となって投げ続けた。昭和二八年は大友二七勝、藤本一七勝、別所一六勝と、大黒柱の座は大友のものだった。翌昭和二九年は巨人は初めてコーチ制度を敷くことになり、谷口五郎、三宅大輔を投打のコーチに迎えた。新戦力として早大出身の広岡達朗が入団してきた。七月を終わった時点では二位中日に四ゲームを離して首位にいたが、この年は国鉄戦に連敗することが多く、八月三十一日には二位に落ちていた。さらに中日のフォークボールを駆使する杉下茂に苦しめられ、このシーズン一一敗を喫した。しかも彼に対して八月二十二日から九月十九日にかけて連続三五イニング無得点という記録も残してしまった。

その中で大友は別所とともに投げ続けた。七月十日の阪神戦では一四奪三振を奪う力投を見せた。巨人は初回に千葉が

昭和30年頃の主力選手。最後列左端別所、３人目が大友。７人目広岡、右より２人目が藤尾茂。２列目中央には水原茂監督、最前列左端より４人目与那嶺、その右川上。

左中間に安打を打って、川上の右中間の三塁打で先制した。大友は初回の点数に気をよくしたのか、伸びのある直球が冴えわたり、今シーズン一番の出来といわれる内容を続けていた。二回には三者連続三振、七回までに一一個の三振を記録した。三振以外に打ち取った当たりはすべては凡フライだったから、大友の球威に阪神打線が押されていたことを物語っていた。

報知新聞は記す。

〈大友は右打者の内角で変化する球や、シュートはそれほどきまっていなかったが、球速と伸びは十二分、それに外角をかすめる低めのスライダーは中日と違って引張る打者の多い阪神に対しては大きな威力を発揮していた。〉

六回までは一塁に出た走者はおらず、あわや完全試合となるかと思われたが、二死後、投手の梶岡にセンター右に安打され記録は途絶えた。それでも大友の投球は快調で、相変わらずの完封ペースの展開が続く。阪神は苦肉の策として、ライト打ちを得意とする真田や田宮、日下など左打者を並べて、大友のスライダーを打ち崩そうとしたが、効果はなかった。九回になって疲労から球威が落ちたところを、三連打されたが、一死満塁のピンチを四番藤村富美男を三振、日下を二塁ゴロに仕留めてゲームセットとなった。結局阪神の先発メンバーから三振を取らなかったのは二番の吉田義男だけで、毎回三振の一四個を奪う完封勝利だった。外角いっぱいに決まる大きなスライダーが冴え、ときどき混ぜるシュートが、スライダーを効果的に生かした。

この頃が大友の球がもっとも速かったときだった。彼のフォームはゆったりとした動きだから傍目にはそう速くは見えなかったが、打者にとっては威圧感があった。ホームベースに近づいてくるときに急に加速するような伸びがあった。国鉄スワローズのエースで四〇〇勝投手の金田正一は「大友さんの球がいちばん速いですね」と話していた。当時のプロ野球界では金田と大友が球の速さでは双璧だった。金田のボールは球がホップするような勢いがあった。自在に変化するスネークボールと呼んで、彼の球を皆怖がった。同時にカーブもよく落ちるから余計に直球の速さを感じた。力を抜き、軽く投げるような仕草で、速い球を投げてくる。しかもコントロールに難があって、高め、低め、内角、外角とコーナーが自然と散らされるから、怖くてバントもできなかった。

水原は「お前たちはバントもできないのか！」とよく怒っていた。その金田から一目置かれたのが大友だったが、「私の場合は球速にしたら一四五キロ程度ではないか」と彼は言う。

「金田さんの言葉は冗談かもわからんが、野球をやっていた人が速いというのはボールに伸びがあることを言うんです。伸びがなくて、初めからどーんと来る球は皆打ってしまいます。あんなものは速いとは言わない。伸びがあるかないかで見た目に速さが違うわけで、そこが難しい。わしのは確かに伸びがあったし、それに味方がよく打ってくれたから気楽になって、コントロールが良くなって、スピードも出てくるのよ」

と大友は語る。

彼と同時期の主力投手は別所と藤本だが、別所にしても南海から移籍した後で、球の速さは全盛期を過ぎていた。最初から速く、重い球だったが藤本と比べて球の伸びはなかった。その藤本にしても選手としては晩年にさしかかり、肩も痛めていたので、それほど速いとは思わなかった。

当時の主力選手たちは大友について印象を語っている。雑誌『野球界』昭和二九年八月号で行われた「セパの精鋭大いに語る」という座談会で、そこには広島のエース長谷川良平、阪神の名遊撃手吉田義男、西鉄の本塁打王中西太、毎日の主力打者山内和弘、南海の俊足巧打の森下正夫、大友が出席した。ちょうどオールスターゲームの直後で、セパ同時に対戦した思い出話を語っている。

〈記者　大友投手はどうですか。
中西　全然アウト・コーナー〳〵ばかり攻めて来るでしょう。あ、いうのは打てんです。
記者　あのヒットしたのはスライダーですか。
中西　スライダーでしたね。幸いヒットになったけれども、アウト・コーナーはいかん。（笑）〉

大友は「ボールが二つ続いたので、ストライクを取ろうとアウトコースを狙った球が真ん中に寄ってしまい打たれた」と語っているが、中西は「いやア、まぐれですよ。アウト・コースへ来るスライダーは手が出んもの……」と語っている。

森下は大友の球について「どうもこうもない、僕なんか大友さんのいいカモですよ」と言っている。吉田も「やっぱり大友さんのアウト・コースにいっぱい入るのが一番苦手ですね。全然手が出ないですよ」と語る。

昭和29年頃のスター選手たち。前列右より、中西太、大友、長谷川良平、森下正夫。後列右より山内和弘、吉田義男。

昭和二九年の巨人は魔球フォークボールを操る杉下

に抑え込まれて中日に優勝を許してしまい、二位に終わった。大友は四八試合に投げて二一勝一五敗、防御率は一・六八で二位だった。チームでは別所の二六勝があるから、勝ち星は二番目の成績だった。

昭和三〇年は二月二日にメキシコ、キューバ、コロンビアなど中南米諸国のチームと対戦して三月十六日に帰国した。一カ月半にわたる長旅だった。さて、このとき大友の馬力を示すエピソードがある。千葉茂によれば遠征も半分を消化したときで、遊ぶ金も使い果たした若手選手たちがある競争を始めた。皆一列に並んで立ち小便をして、誰が一番遠くまで飛ばせるかというコンテストだった。ゴルフで言うドライビングコンテストである。いまだに青臭い二〇歳過ぎの選手たちに混ざって、大友は堂々と優勝を飾ったのである。

千葉は言う。

〈このアホくさい競争で輝く優勝を遂げたのがキンさんや。三十歳に手が届いとったはずやが、ニキビだらけの若い連中を足元にも寄せつけんかった。目撃者、つまりキンさんに負けた連中の証言によれば「二メートル向こうに壁があって、みんな手前にチョボッと落ちたが、キンさんのは壁までとどいた」さすが百二十メートル向こうの松の木に命中させた豪傑や。〉

（『巨人軍の男たち』）

一二〇メートル向こうの木とは、巨人軍の入団テストの前に毎日練習で投げていたことをさしている。その頃日本では石原慎太郎の『太陽の季節』がベストセラーになり、若者たちの間で、男の一物による〝障子破り〟が流行っていたときだった。だが海の向こうでは障子破りをはるかに超える「小便によるドライビングコンテスト」を豪快にやっていたのだから、大友たちのパワーは〝太陽族〟たちの度肝を抜いていた。

三〇年のシーズンは巨人は六月に一三連勝もあって、首位を独走、一時夏場に失速したが九月上旬に一三度目の優勝を決めた。二位中日には一五ゲームの差をつける勝率〇・七一三という高いレベルの優勝だった。大友は巨人史上四人目の三〇勝をマークした。九連勝、一一連勝、八連勝というコンスタントに勝ち星を積み重ねて、負け数がわずかに六敗で、勝率は〇・八三三でリーグトップだった。この年、二度目の最多勝利投手と最高勝率の二冠に輝いている。六月十二日の後楽園球場で行われた大洋戦では、捕手は若手の藤尾茂と組んで出場したが、クロスファイア気味に外角いっぱいに浮き上がる球が速く、大洋の打者はバットが合わなかった。二回から四回まで大友はこの球を武器に毎回二奪三振を奪った。

五回にレフト前安打を打った広岡を一塁に置いて、八番藤尾がライトへ推定飛距離三三〇フィートの本塁打を打って二点を先制した。大友のスピードは後半になっても衰えず、一回を除いて毎回奪三振の力投だった。九回に力尽きて二点を失ったが二つの三振を奪って自身二度目の一試合一五奪三振を記録した。これはプロ野球タイ記録だった。大友は報知新聞に感想を述べている。

キャンプでのスナップ。右端、大友。その隣は中尾碩志。

〈そうですか、一五奪三振のタイ記録ですか。きょうは自分でも気持ちがいいほどにのびがありました。対中日戦の完投勝利でようやく自信がつきかけているところです。〉

この年彼は七月初めに二〇勝を挙げた。

彼の投球を野球評論家の三宅大輔は「快刀乱麻　大友のピッチング」（『ベースボールマガジン』昭和三〇年八月号）と題して評した。今シーズンの彼の活躍を投球フォームが優れていると要因に挙げている。大友の投球フォームは、日本の投手としては最も優秀な部に属すると認めたうえで、その特質について述べる。

〈大友の投球フォーム中、最も優秀な点は、左足（軸足でない方の足）を、充分上げて、投球力を増加している点である。

大友は投球の時、左足を折って、ヒザを充分に上げる（下手投の投手は、足を真直ぐに上げることは出来ない）更に、塁に走者がある時にも、走者のない時と同じフォームで投げる（これは非常にむずかしいことで多くの投手は、走者があると、足を全然上げないか、又は少ししか上げない）こと

が出来るのは秀れた特長である。〉

走者が出ると、たいていの投手は球威が落ち、制球力も悪くなるが、それは走者が出ると投球フォームが変わってしまうからだと三宅は述べる。だが大友の場合はフォームに変化がない。その理由として〈その根本の原因は、左足の利用法が上手だからである〉と三宅は指摘している。

同時に好調な原因を大友の真面目な性格も挙げている。

〈彼は真面目で、勤勉で、熱心で、不言実行派で、そして慢心しない性質の持主である。これは野球選手には、最も望ましい性質である。〉

大友は遊ぶときは朝方まで遊ぶことをせず、帰宅する時間を決め外へ出かけていた。それが選手生命が長持ちした理由だと述べている。この年は日本シリーズで南海と対戦し、南海に一勝三敗と王手をかけられな

チームメイトとともにグランドにて。左、大友、右、堀内（庄）。

がらも、第五戦に藤尾茂の先制三点本塁打で、奇跡の逆転勝利を挙げて日本一になった年だった。大友は第二戦に投げて、二点に抑えて完投しながらも敗戦投手になっている。

大友は昭和三〇年の成績について、ほとんど記憶がないと言う。

「三〇勝勝ったときは印象がないね。人から言われたらああそういうことあったなあと思うけど、もう何年かの流れだからね。忘れてしまうんだ。それがピッチャーですよ」

三宅大輔は〈今後十数年間、巨人軍のために無数の勝利を得るであろうと私は信じて疑わない〉と予言しながらも、意外に早く転機がやってきた。それは昭和三一年四月二十二日の阪神戦だった。四回裏、打席に立った大友は阪神大崎の投げた内角のシュートを右親指に当ててしまった。避けようとしてバットとボールの間に指を挟んだ格好になったので、衝撃が強くなった。右指がみるみる腫れ上がり、すぐにレントゲンを取ったら骨にヒビが入った程度だと診断された。一カ月たっても右親指が歪み、曲げると酷く痛む。さらに精密検査を受けると指は割れていた。大友が戦列に復帰したのは六月二十八日だったが、指の故障のため球威はすっかりなくなってしまっていた。親指が曲がらないために、親指はボールを支えるだけの役割だった。それでも踏ん張って八月から本来の力を取り戻し、一二勝を挙げた。巨人は大友の欠場が祟り投手起用に苦しんだが、別所が二七勝を挙げて頑張り、二位阪神に四・五ゲーム差をつけて優勝した。

日本シリーズでは三原脩率いる西鉄ライオンズとの初めての対戦で「巌流島の戦い」とまで呼

ばれたが、大友は初戦に先発して、得意の浮き上がってくるボールで攻めまくり四安打完封で勝った。その後大友は四試合に登板したが、力のある西鉄打線には巨人も及ばず、二勝四敗で敗れ、日本一を逃した。

十月二十日からはナショナルリーグ優勝のブルックリン・ドジャースが来日し、日本チームと親善試合を行ったが、その第一戦で大友は先発堀内庄の後を受けて四回からリリーフに立った。大地を這うような内角、外角に決まるシュート、スライダー、カーブを投げるとドジャースの選手たちはまったくタイミングが合わなかった。大友に一〇個の三振を奪われ、打った安打は四本だけだった。まさに「地を這ってくる剛速球」という形容がぴったりだった。巨人は坂崎、川上の連続本塁打で逆転し、大友は勝利投手になった。結局ドジャースは一四勝四敗一分を残して帰国したが、大友の球を彼らはこう評した（『ベースボールマガジン』昭和三一年増刊号による）。

記者「巨人の大友投手はいかがですか」
内野手ホッジス「ああ、あのサイド・アームのアメリカンキラーだね（笑）」
内野手ロビンソン「実に多種類のボールを用意しているように思える」
外野手デミター「最初の日、あのオオトモが出てきたんで参ったね。ニューカムさんなんか、大きな声であのサイド・アームをひっこめろってどなってたけど、遂に日本のベンチに聞き入れられなかった（笑）」

捕手キャンパネラ「経験が豊富だよ。ニューヨーク・ジャイアンツを破ったのも彼だろう。アウトコースに、ぐうっと浮く速球は、なれるまで大変だった。それに大したコントロールだ」

外野手デミター「ああいうフォームは迷いますね。地の下から浮上ってくるみたいだ（笑）」

この当時アメリカには大友のようなサイドスローで投げる投手はいなかった。体力的な負担が大きく、「あれ（横手投げ）をやったら十年の寿命も三分の一ほどに縮まる」ということをアメリカの選手は知っていたので「誰もあんな投げ方をしようとしない」のであった。

これで大友は生涯二度にわたって大リーグから勝利投手になったことになる。

大友は言う。

「彼らは大きいから高めの球が一番いい球だと思っているわけです。ところがわしは下からぴゅーっと高めに放っているから、コースが高いほど余計にスピードが出るわけです。だから打てない。低い球で落として、ツーストライクを取ったら高めに放る。それを振ってくるから、三振になったり、バットの根っこに当たったりする。日本人だったらもう少し低くなければ打たないです」

大友はここまでが踏ん張りの限界だった。親指を痛めた後遺症から球のスピードが落ちた。スピードが落ちると制球力もなくなった。昭和三二年は二一試合に投げて五勝四敗だった。それでもこの年は開幕投手を務めた。三月三十一日の国鉄スワローズ戦で先発し、スピードこそ足りなかったが、外角へのカーブを上手く活かした投球で四安打に抑える完封勝利を挙げた。勝利が決まった瞬間、昨年から正捕手に抜擢された藤尾が、大友の右手を押し頂くように握手を求めた。

OB会で久しぶりにグラウンドに集まった仲間とともに。上・中列中央でかがみこんでいるのが大友。下・左端大友、右に千葉茂、右端は多田文久三。

だがその後はスランプに陥り、七月に入る頃には二勝三敗に止まっていた。六月三十日の広島戦では半月ぶりに先発するも一死も取れずにノックアウトされた。右ひざに水が溜まり、さらに右足首を捻挫した。同時にフォームも崩してしまった。

〈いざプレートをふんでみるとフォームの

OB会にて。前列、右から２人目が大友。最後列、中央にはジャイアント馬場の顔も見える。

ことにとらわれて自分が投げていても、なにか他人のピッチングをしているみたいで、ぜんぜん板につかない。これではいかんとフォームを考えずに投げたらくずれたフォームになって球に体重が乗り切っていない。打たれる、あせる、コントロールが乱れる、といったあんばいになってしまう。〉

と報知新聞に語っている。そして自ら志願して二軍の多摩川練習場へ行くことを決めた。もう一度自分が這い上がってきた原点を見つめ直そうというのである。若手に混じって汗を流し、彼がようやく一軍に復帰したのは八月の十五日だった。ちょうど夏場で投手陣も調子を崩し、チームは三位に低迷していた。大友に出番が回ってきたのだった。広島を相手に九回を投げぬき、シーズン二度目の完投勝利を飾った。八回まで〇点に抑えていたが、九回に疲れて小鶴誠にスライダーを二塁打されて二点を失っただけだった。スピードは落ちていたが外角低めのスライダーのコントロールがよかった。さらに十月八日の広島戦で七対〇と完封勝ちして五勝目を挙げたのが、シーズン最後の勝ち星となった。

その翌年三三年は一二試合に投げて二勝一敗だった。復調しなかった原因を「投げ方を変えなかったためだ」と大友は言っている。彼は体を後方に傾斜して重心を移し、そこから体重を乗せて投げるという投法にこだわった。ただでさえサイドスローは寿命が短いといわれるが、三三歳になって苦労して身に着けたフォームを捨てるわけにはいかなかった。昭和三三年は長嶋茂雄が立教大学から巨人に入った年だが、彼のフリーバッティングに投げる機会があった。苦もなく彼の球を打ち返す光景を見て、次第に腹が立ってシュートやスライダーを思い切り投げたが、これらも軽く打たれてしまった。他の新人とまったく素質が違っていた。

「えらいやつが入ってきた」

と大友は思った。この年も巨人は日本シリーズで西鉄ライオンズと対戦したが、大友は先発、リリーフを含め、七試合中四試合に投げている。いかに彼が打倒西鉄に必要な投手であったかが分かる。第一戦は藤田元司を五回からリリーフし、最後まで投げて一失点で勝利投手になった。じつは巨人が三勝一敗で王手をかけた第五戦では投手稲尾にサヨナラ本塁打を打たれてもいる。この試合がもっとも印象に残っていると彼は語っている。

「稲尾に本塁打を打たれたけど、あれはわし一人が悪者になっている。巨人が勝っている試合を藤田が出てきて打たれて、同点になったんだ。走者を置いて、わしが代わって抑えて、延長戦で打たれた。稲尾は特別だ。投手なのに二割何分打つんだから」

大友は翌三四年は一軍での出番はなく、南海との日本シリーズを前に仮想杉浦としての打撃投手を務めたが、愚痴ひとつ言わず投げていた。昭和三五年には千葉が監督を務める近鉄へ移ったが、一五試合に投げて一勝二敗の成績を残して現役を引退した。巨人時代は調子を崩すと、必ず自ら志願して二軍へ行くところが真面目な大友らしかった。多摩川で打撃投手を務めたり、若手相手にノックをしたりした。元エースという称号にこだわらない気さくな面があった。しかし全盛期の三年間を三百イニング前後投げまくって腰を痛め、肩を痛め、そこで失われた球威は戻らなかった。

実働一〇年間で二九四試合に投げて、一三〇勝五七敗、防御率は二・一一だった。多くの同僚たちが大友を「庶民」と呼んで親しんだ。エースでありながら驕ったりするところが少しもなかった。千葉茂は大友を評して言った。

〈巨人の球史に大きく名前が残るピッチャーやが、日ごろニコニコ楽しい男やったから、他の選手との距離がなかった。巨人歴代エースの中では異質の愛すべき男や。〉

（『巨人軍の男たち』）

大友は引退後、球界には長くは残らずに一介のサラリーマンとして地味な生活を送った。都内目黒区の質素な家に住み、一人暮らしを続けている。彼は椅子に腰掛けて遠くを見つめていた。腰を痛め、ステッキを持ちながらの生活だが、頭の回転も速く、声には張りがあり、まだまだ健在である。

彼は今のプロ野球について「ほとんど見ていない。おもしろくないですネ」と呟いた。そして、「たった数年の活躍で、たいしたことを言えるほどの投手じゃないし、助言する言葉もない。でも投手は足腰を鍛えなきゃ、その鍛え方が問題なんだヨ」と語った。

○自分のピッチングと相談しながら、僕は足腰を鍛えた。今の選手はどこまで鍛えたらよいかわからないんだよ。ピッチングが悪ければ鍛え方が足りないと思えというところです。

○ピッチングはストレートが基本です。基本が駄目なのに落ちる球ばかり勉強しているでしょう。基本ができないのに落とせるわけがない。伸びのあるストレートがあれば、他の球が全部生きるんです。

最優秀選手賞に輝いた大友は景品の自転車でグラウンドを一周。

それを失っている気がしますね。
○今は野球は見ないですね。何が面白くないかと言われても困ってしまいますが、昔の野球はバラエティに富んでいました。ヒットエンドラン、スチールをよくやりましたからね。
○投手が中六日で試合から遠ざかったら、わしは放りにくくて仕方がない。一週間も放らなかったら試合を忘れてしまうよ。たしかに今の状態だったら投手は足も腰も肩も衰えないでしょう。長くできるから給料も取れる。昔はその意味じゃ馬鹿ですよ。短い間に稼いでも大したことはない。長くやれれば金も取れるのにね。でも昔はそれを普通と思っていたんですよ。

そういえば大友が最優秀選手に選ばれたとき、景品は自転車だった。ハイカラな立派な自転車だった。それを漕いで球場を一周する時代だった。甲子園球場では勝利投手になって、象にも乗った。しばらく象の背中に乗って歩いたが、背中の毛が硬くて太くて尻が痛かった。そんな時代から見れば、今の野球界は待遇の面では格段に進歩した。だが投球の技術は大友が語るように、落ちる球ばかりに流れ、速いストレートを投げるというピッチングの本質を見失ってしまった。じつは野球の技術は複雑化したばかりで退化したのではないだろうか。大友が今の野球を見ないという根源的な理由がそこにあるようにも思われた。

大友は野球人として一番大切な言葉として「努力」を挙げ、それを色紙に書いた。打撃の神様川上哲治も大事にした言葉の一つである。

第3章　伝説の巨人軍最高の捕手——藤尾　茂

1　伝説の捕手の実像を求めて

平成一七年一月十一日の夜のＮＨＫのニュースを見ていると、本年度の「野球殿堂」表彰者の発表が行われていた。競技者表彰部門ではロッテで活躍した二〇〇勝投手の村田兆治、特別表彰では戦前からプロ野球のラジオ実況で名を馳せたアナウンサーの志村正順が選ばれた。さらに競技者表彰でもう一人の名選手が選ばれた。巨人九連覇の司令塔であり、Ｖ９の「頭脳」とも呼ばれた捕手森祇晶（旧昌彦）である。

森は生活の拠点をハワイに移していることもあって、記者会見には姿を見せていなかったが、翌日のスポーツ新聞には彼の功績を称える記事が掲載されていた。昭和三〇年に岐阜高校から巨人に入団し、ベストナイン八度、西武ライオンズの監督として優勝八度（うち日本シリーズ優勝六度）の実績を残した。選手としても指導者としても一流の称号を得た人物である。画面に映る選手時代の森の姿を見ながら、彼に勝るとも劣らないもう一人の名捕手を思い出していた。

藤尾茂――昭和二八年に兵庫県の鳴尾高校から巨人に入団し、昭和三一年から三四年まで正捕手を務め、四年連続ベストナインに選ばれた強肩強打の名捕手である。とくに昭和三〇年の南海との日本シリーズでは一勝三敗と王手をかけられた第五戦に三番スタメンに抜擢され、起死回生のスリーラン本塁打を放った。巨人はまだ二〇歳の若さの藤尾の一発に息を吹き返し、彼は奇跡的な逆転日本一の立役者となった。以後彼は巨人のスター選手としての歩みを突き進んでゆく。

だが、不本意な外野手へのコンバートがあって肩の怪我に悩まされ、いつしか輝きを失った。この間、森が正捕手の座に就き、以後V9の時期は彼が巨人のホームを守りとおした。藤尾はV9の前に巨人を去っている。だが、藤尾の強烈なイメージは活躍の期間が短かっただけに強い印象を残した。「巨人軍の最高の捕手は森ではなくて、藤尾だ」という人も多くいる。森がインサイドワークに秀でた地味な印象を与えたのに比べ、藤尾はメジャーリーガーを彷彿とさせる本塁打を打ち、ファイトを前面に出した豪快な大型捕手だった。

「動」の藤尾と「静」の森、まったく対照的な二人だが、本来の野球が持つ「投げる、打つ、走る」のすべてに優れたパワーと身体能力を持つ藤尾は、現在のメジャーリーグを志向する選手たちの理想的な姿でもあるだろう。すでに昭和三〇年代にメジャーリーグでも通用しうる大型捕手がいたという事実は、伝説化された彼のエピソードを丹念に辿ってゆくことで証明されうるであろう。いわば森が駆け引きに長じた日本的な土壌に咲いた捕手であったのに対して、藤尾はアメリカという大陸に合った華やかな捕手であった。そこに彼が短命に終わってしまった要因がある。

伝説の捕手の姿を辿ろうと、取材が始まった。

三重県安芸郡芸濃町にある鈴鹿カンツリークラブ（ゴルフ場）の副社長というのが藤尾の現在の肩書きである。名古屋駅からＪＲの関西本線に乗って一時間余り行くと亀山という駅に着く。そこからタクシーに乗り換えて二〇分ほど丘陵を登ればカンツリークラブである。十月の半ば、空いっぱいの秋晴れの日に訪れると、クラブ内はプレーをするお客さんでいっぱいだった。玄関口で五分ほど待つと、金色のボタンのついた紺のブレザーを着込んだ、大柄な初老の男性が姿を見せた。藤尾は昭和九年生まれだから、七〇歳を超えた年齢で一七九センチ、八〇キロの体軀はかなりの巨体であることになる。

「ちゃんとした取材を受けるのは三

強肩強打の名捕手、藤尾茂。時代を先駆けた大型選手だった（毎日新聞社提供）。

〇年ぶりと違うかな。ちょこちょこと電話で聞かれることは今でもあるけど、もう僕は化石の人間になっているからね」

屈託なく笑うと、二階の会議室に案内してくれた。隣の部屋からは一五、六人ほどの男たちがプレーを終わってビールを飲みながら歓談している声が聞こえてくる。ときおり聞こえてくる笑い声を耳にしながら、藤尾は椅子に座り、暑いのかゆっくりとジャケットをとると、窓から見える緑の山々を眺めて言った。

「今でも野球のテレビを見ていると、果たして自分が球場で投げて打って走っていたのか本当に疑問に思いますね。自分というものがまだわかっていない。ただ人様が、〝藤尾あだったよ〟〝こういう選手だったよ〟と言われて、そうだったのかなと思いますけど。果たして野球が上手かったのか下手だったのか今でもわかりません。こんな話は初めて聞いたでしょう。何でだろうか」

彼は静かに呟いた。ゆっくりと記憶を甦らそうと、記憶の糸を幼少から辿ってゆく。

藤尾の実家は甲子園球場から歩いて二〇分ほどの距離にあった。そこで代々歯科医を開業する家柄だった。

「男兄弟三人で、僕は末っ子なんですよ。親父が歯科医で、お爺さんは歯科医と医者をやっていたんです。一番上の兄が小児科医で、真ん中の兄が歯科医です。僕だけが野球選手になって、ほんまに異変ですわ」

藤尾の父は彼を外科医にしたいという希望を持っていた。彼が野球に傾斜してゆくのは、甲子園球場に近いという地理的な要因もあった。昭和二〇年の終戦のとき、藤尾は鳴尾小学校五年生だった。その頃甲子園球場の外野にはアメリカの進駐軍が寝泊まりしており、昼間になるとソフトボールに興じているときがあった。通りかかった藤尾少年がその光景を見て「面白そうな球技だな」と感じたのが、野球に興味を持つきっかけとなった。少年たちは布切れの真ん中に石を詰めてボールを作って、進駐軍の見よう見まねで投げたり、打ったりするようになった。

やがてプロ野球は二〇年の秋に東西対抗戦が開かれて復興の狼煙をあげた。このとき大下弘が青バットで虹をかける大きなアーチを放って敗戦に打ちひしがれた人びとに希望を与えた。翌二一年からプロ野球の公式戦も再開された。川上哲治も熊本から復帰して赤バットで鋭いライナーを飛ばしてゆく。藤尾少年ら鳴尾小学校の児童たちも自然に野球に吸いよせられてゆく。野球のチームをつくろうとなると、皆が投手をやりたいと手を挙げる。捕手をやりたいと思う少年はいなかった。

彼は言う。

「ピッチャーだとなんぼでも手を挙げるけど、キャッチャーのなり手がいないわけです。じゃ僕がやろうかというのがキャッチャーになるきっかけでした」

インタビューに応じる現在の藤尾。

友人たちの希望を立てて、自らの気持ちは後に回してしまう。藤尾には生来女房役とも言える自らを犠牲にする性向があった。

さらに藤尾は甲子園球場のお膝元であるにもかかわらず、巨人ファンであった。ふつうであればこの地域に住めば阪神タイガースのファンになる筈である。だが彼は小学生の頃から巨人が好きだった。

「私の小学校は野球の環境は抜群ですわね。甲子園球場の〝ワーッ〟という声援が家まで聞こえていました。中学校でも、高校でも聞こえていました。環境は一〇〇パーセント良かったと思います」

だが藤尾は阪神ファンにはならなかった。これにもあるきっかけがあった。

この当時少年たちの間では巨人と阪神に分かれて、鉛筆を転がして競う野球ゲームが流行った。守備側のチームには六角形の形をした鉛筆のそれぞれの面に「ストライク」「ボール」の記号が書かれてあり、攻撃側には「ヒット」「ホームラン」の記号が書かれてある。これを互いに転がしあって勝負を競うというゲームである。教室ではいつも人垣ができるほど賑わったという。

「われわれが子供のときは今みたいにパソコンで遊べる時代じゃないから、エンピツ転がして野球ゲームをやっとった。すると甲子園球場の地元ですからなんぼでも阪神チームに入りたい者がいるわけです。相手チームがいなかったらゲームはできません。それで〝じゃ僕が巨人チームになる〟と言って引き受けていたら、本当の巨人ファンになってしまったわけです」

藤尾は捕手を選んだ動機といい、巨人ファンになった理由といい、誰もなり手のない役を率先して引き受けて、そこで一番手になろうという習慣があった。「それが自分の育った環境です」と彼も語っている。彼のプロ野球での人生を語るときには、彼の自らを殺して相手を立てるという少年時代の原点を抜きにしては述べられない。

小学校のときの藤尾の体は、横幅は大きかったが背は大きいほうではなかった。遊び友達に後に阪急で本塁打王になる中田昌宏がいたが、彼のほうが背は高かった。そして二人は野球チームでバッテリーを組んだ。投手は中田、捕手は藤尾である。さらには二人は鳴尾界隈では有名な腕白坊主であった。

二人は六年生のときには郡大会で優勝し、鳴尾中学校でもバッテリーを組んで地区大会で優勝した。そして二人は野球の名門高校である鳴尾高校に進学する。

藤尾の背が一気に伸びたのは高校二年生のときだった。その年の選抜大会に鳴尾高校は出場する。開会式でボーイスカウトの持つ「鳴尾高校」のプラカードの後に地区大会の優勝旗を持って行進する藤尾の姿がある。ナインの先頭にひときわ飛びぬけて高い彼が「ＮＡＲＵＯ」のユニフォームを身にまとっている。彼の後ろには投手の中田が続いている。鳴尾高校はとんとん拍子に勝ち進み、決勝では鳴門高校に三対四で敗れはしたものの、準優勝という快挙を成し遂げた。このときから藤尾の存在は野球関係者に知られるようになった。

三年生の夏の大会にも鳴尾高校は甲子園の土を踏んだ。準決勝で再び鳴門高校に負けたが、高校生のベストナイン捕手に選ばれた。とくに甲子園大会では一試合に六度の牽制、盗塁刺を記録してプロ野球関係者を驚かせ、「鳴尾に藤尾あり」として注目される要因となった。

藤尾は語る。

「プロ野球に注目されたのはベストナインに選ばれたからだと思います。打率もそんなに良くないんです。それと一試合で捕手の牽制球と盗塁阻止で六つの記録を持っていますね。そのへんと違いますか」

卒業を控える藤尾のもとにはほぼ一二球団のスカウトが押し寄せた。一も二もなく彼はプロ野球選手になることを選択するが、旧家である親は反対した。彼を大学までやってゆくゆくは外科医にしたいという希望を持ち続けていたからである。もう一つの懸念は野球選手は活躍する時期は寿命が短いことがあった。いつまでも長くやれるのは医者であり、サラリーマンの世界であった。親族会議も行われたが、監督の水原茂は藤尾の家を訪れて、説得した。

「プロ野球はいま捕手が払底している。キミの、そのすばらしい強肩と、バッティングを十二分に働かせるには、プロへの道が最善だ。世間では、いまだにこの社会を偏見視しているが、そんなものではない。プロ野球選手も立派な職業の一つ、躊躇なく決心し、万事をわたしに任せていただきたい」

当時の野球は東京六大学が全盛で、まだプロ野球の社会的地位は低かった。水原はその点も踏まえて彼を諭したのだった。プロ野球に行くのならば高校出てからすぐに行きたいと思った藤尾は、親の反対を押し切って医大進学をやめて一番好きだった巨人入団を選んだ。

一方投手の中田は慶応大学へ進み、卒業後阪急ブレーブスに入団し、本塁打王となった（引退後はオリックス球団取締役）。

2 巨人入団

藤尾が巨人に入団したのは昭和二八年である。すでに二七年の十二月に静岡県の草薙市のキャンプに彼は参加している。キャンプは草薙球場で行われていたが、さっそく監督の水原茂は彼に打撃練習を命じた。そのとき藤尾は初めて見たプロの投手の投げる球を難なく打ち返した。大きくバットを持ち上げゆったりした構えから、鋭いスイングで振ると、打球は軽々と外野手の頭を超えてゆく。打球も長距離打者特有のもので、舞い上がるように高く上がり、ゆっくりとした軌道でスタンドまで落ちるというものだった。フォロースルーも十分に伸び切って、典型的な長打を打つスタイルで将来のクリーンアップの一角を打てる資質をうかがわせた。

彼の打撃の力を見極めると、水原はミットを持たせて「投げてみなさい」と指示した。

守備練習で、二塁への送球をやらされたのである。投手がホームベースにいる捕手の藤尾に投げる。それを捕って二塁へ送球した。

そのとき二塁を守っていた千葉茂が突然二塁ベースの上にあぐらをかいて座り込んでしまった。

千葉はグラブを差し出してだみ声で叫んだ。

「ここやぞ、ここじゃなかったら捕らないぞ」

藤尾は投手からのボールを捕球すると、すぐさま力まかせなフォームで中腰のまま二塁へ投げた。ボールは糸を引いた低い伸びのある球で、きれいにコントロールされ、そのまま千葉のグラブに入った。千葉は「ほう」と呟きながら目を大きく開けて驚いた。

「もう一回じゃ」

さらに藤尾が投げる。千葉のグラブへ鋭い速さで収まった。相変らず千葉はベースの上にあぐらをかいたままだった。それが三回、四回と続いた。捕っては二塁に投げ、千葉は座ったまま捕球をする。生まれつきの肩の強さに、高校生ながら確実に二塁へ投げる制球力が身についていた。遠投させれば百二十メートルを軽々と超えてゆく。肩の力は抜群だった。

水原は藤尾のスローイングを見て「稀に見る強肩の持ち主、小気味のよい鉄砲肩」と評した。そして大柄な体にも似合わず機敏な動作で捕っては投げる藤尾の姿に目を細めていた。彼には捕手でありながら特異な長所があった。それは俊足であった。

百メートルをスパイクを履いて一一秒三で走るという脚力だった。捕手といえば、鈍重という印象があったが、藤尾は違っていた。野球に関する動作のすべてにおいて素質に恵まれていた。水原は藤尾が即戦力として使えるかどうかテストしていたのである。そして彼は難なく合格点をもらった。

「高校卒で一軍のマスクを被るのは僕くらいじゃなかったでしょうか。大学出では今までも何人かいたと思います。捕手で足が速いのは珍しかったですし、とくに大型捕手では僕が初めてでした。後に田淵幸一君（阪神タイガース）が出てきましたけど、それまでの捕手は体が小さくてずんぐりむっくりの人が多かった」

と藤尾は言う。一月になると戦後初めてのアメリカキャンプ参加の知らせが待っていた。場所はカリフォルニア州のサンタマリアで、ここで本場のトレーニングを学びながら3A相手に二三試合のオープン戦をこなした（結果は巨人の七勝一六敗）。

「僕はラッキーだったんです。巨人が戦後初めての渡米を行うから、そのメンバーに加えるかどうか草薙キャンプでテストされていたんです。そこで結果を出すことができたから、連れて行ってもらえることになった。高校卒業してすぐにアメリカに行けたのは珍しかったと思います。ネクタイの締め方もわからず、ただ無我夢中のままに帰ってきました」

外電は「藤尾は新人だがなかなか有望」と日本に伝えたと言われている。

このとき入団した選手は全部で一三人いた。早稲田大学の岩本堯、水戸商業の加倉井実、ハワイから柏枝文治、函館工業から笠原正行（投手）、ノンプロ鐘紡化学から鈴木実（投手）らの名前があった。だが三年後には加倉井、柏枝を除いて皆が巨人から姿を消してしまっていた。一〇年経ってチームに残っていたのは藤尾一人であった。一三人のチーム平均在籍年数は三・三年で、使えない選手は早々とクビを切られるかトレードに出されていた。そこが巨人というチームの厳しさであった。

藤尾は多摩川の寮に入って、朝から布団たたき、晩は布団敷きをしながら、多摩川グラウンドで練習を行った。このとき巨人の正捕手にはハワイ出身の広田順がいた。広田は「傷だらけの男」として畏怖された選手で、藤尾の入団する一年前からレギュラーを務めていた。持ち前のフットボール仕込みのファイトが身上で、ホームをがっちりと死守していた。ちょうど藤尾の入団した二八年から三年連続してベストナインに選ばれており、もっとも脂の乗り切った時期だった。藤尾は多摩川グラウンドで溌剌《はつらつ》とプレーする広田を見てこう思った。

「広田さんを見たときに、到底僕はレギュラーにはなれないという感じを持っていました。本当にファイトマンでした。広田さんは走者とぶつかっても知らん顔をしているほどで、この人は凄いと思いました。こらもう僕は万年ベンチやと見ていました」

入団一年目でアメリカ遠征に選ばれたものの、彼の前には大きな壁が立ちはだかっていたのである。ただ彼にとって幸運だったのは当時の巨人が戦前から活躍した選手が中心になっており、年齢的にも高齢化していた点であった。広田にしても三〇歳近かったし、一塁川上哲治、二塁千葉茂、三塁宇野光雄、遊撃平井三郎、中堅ウォーリー与那嶺なども三〇歳を超えていた。水原は選手の世代交代の時期になっていることを感じていたし、そのためには若手の選手を育てなければならなかった。その一番手に目されたのが藤尾だった。首脳陣は多摩川グラウンドで練習が終わった後も藤尾一人を残して鍛えた。

一年目は一六試合に出場して一七打数二安打という記録が残っているだけである。打率は一六七にしかならなかった。二年目の二九年も捕手の座は広田のものだった。藤尾は五四試合に出場して本塁打三、打点一五、打率一九一という成績である。三〇年も広田がレギュラーだった。だが広田も三〇歳を超えて徐々に力が衰えた。広田は本塁打六本、打点三〇、打率二二二で、藤尾は六〇試合に出場し、本塁打五、打点二九、打率二八六とほぼ同格に迫っていた。

水原は言った。

「俺がコーチス・ボックスから誰か代打を出そうかナと思ってふりかえると、パッと俺を睨みつけるようなたくましい視線にブツかる。それが藤尾だった」

広田のほうがミット捌き、二塁への送球のすばらしさ、どれをとっても一枚も二枚も上手だったが、藤尾は冷静に分析していた。

「肩だけは広田さんに勝っているかもしれない」

まだ投手陣の信頼は広田のほうに重きがあった。「どうしても広田さんを抜けない」。毎日歯がみしながら、日々を送る第二捕手の藤尾に突然転機が訪れた。

3　日本シリーズの流れを変える本塁打

昭和三〇年の公式戦は巨人が二位中日に一五・〇ゲームをつける大差で優勝した。勝率は〇・七一三という素晴らしいものだった。日本シリーズは南海との四度目の対戦だった。第一戦こそ四対一で巨人が勝利を収めたものの、第二戦は〇対二、第三戦も〇対二、第四戦も二対五と早くもがけっぷちに追い詰められてしまった。大友、中尾、別所が相次いで打たれてしまい、打線も元気がなかった。とくに三戦、四戦ともに無得点で一八イニングス無得点という最悪の状況にあった。ベテラン選手の中には「もう駄目だ。今年は南海にやられた。こうなったら早く終わってオフになったほうがいい」という気配もあった。ファンも余りにふがいない打撃陣に「巨人は何をしているのか」と怒りを露にしていた。

水原はこの現状を打開するために球場のロビーでじっと考えていた。

このときまで捕手のマスクは広田が被っていたが、一一打数一安打と打撃も振るわない。藤尾は第二戦に代打で登場し一安打、第三戦も代打で出ている。第四戦は途中から出場し、ライトオーバーの三塁打を放った。これが水原に強い印象を与えていた。

「よし、思い切って若手を使ってみよう。それよりほかに、沈滞した空気を一転する起死回生の策はない」

そう決意していた。ここまで不振のベテラン選手を外して試合経験のない若手選手をスタメンに抜擢したのである。二塁の千葉茂に代わって二四歳の内藤博文、レフトの樋笠一夫に代わって二〇歳の加倉井実、捕手の広田に代わって二〇歳の藤尾を起用したのである。

藤尾を三番、加倉井を七番、内藤を八番という打順を組んだ。

この当時、試合のメンバーは前の日に発表していたが、若手主体のメンバーで臨むことが報道陣に発表されたとき誰もが驚いた。「水原は一か八かの勝負に出た」と記者たちは口にしたが、水原は「まだ勝負は終わっていない」と闘志満々だった。

藤尾はメンバーが発表されたときのことを語っている。

「第四戦の晩に明日のメンバーの発表があったわけです。僕は明日は控えだと思っていましたから、ミーティングもよそ事のように聞いていなかったのです。部屋を出るときに、若手の土屋正孝が〝藤尾さん、ちょっと〟と言うんです。〝何があったの〟と聞くと〝明日三番でキャッチャーですよ〟〝えっ！〟そう言われて初めて知ったんです」

土屋の他にも投手の義原武敏もやって来て、まだ信じられない顔つきの藤尾を取り囲んだ。

「藤尾さん、とにかく頼みます。藤尾さんの活躍如何でこれから若手が試合に出るチャンスがあるかないか掛かっているんです」

義原はさらに言った。

「若手を代表して絶対にやってくださいよ」

その晩は緊張のあまり一睡もできなかった。

じつは藤尾はシリーズの間、加倉井と二人で川上哲治の部屋を訪れている。川上は若い二人にこう助言した。

「俺はお前たちにこうしろということは言わんが、俺はこういう心構えでバッターボックスに立っている。それは絶対投手のペースに巻きこまれないということ、ファウルしても何しても自分の好きなコースへ来る球を、相手の投手から奪うことだ。その好きなコースだけを打て」

藤尾は自分のペースに投手を入れてしまうことが勝負の秘訣だということを打撃の神様から学んだ。

日本シリーズ第五戦は十月二十二日午後一時一分に後楽園球場で始まった。巨人はエース大友工、南海はこの年二四勝を挙げて最多勝になった宅和本司が先発だった。宅和は緊張のために硬くなって、制球が乱れ、球に伸びもなかった。一回の裏に巨人は一番南村が四球で出塁、二番平井はレフト前にヒット、これで無死一、二塁となって三番の藤尾を迎えた。

「不思議なんですがベンチの中にいると体が震えるんですね。ところがグラウンドに出るとぽっと収まるんですよ。あの天下の長嶋もそうでした。ほんまはベンチ後の控え室で煙草を吸ってはいけないんですよ。でも自分の打席に入る直前までそわそわして吸っている。そしてぴたっと止める。これが選手の本当の姿ですよ。僕もベンチから出ると急に我に返るんですよ」

と藤尾は言う。実際彼にはスタンドの観客、声援はまったく耳に入らなかった。広いグラウンドに投手と自分しかいないような錯覚に囚われていた。

このとき藤尾はどう思っていたのだろうか。

「ノーアウト一、二塁でここでバントのサインだと思っていたら、水原さんは〝打て〟のサインですよ。もう一度見るとやはり〝打て〟のサインです。へえおかしいなと自分でも思いながら、打席に入ると、ボールが続いて〇―二になったんです。その次にゆっくりとしたカーブが来ましたわ」

宅和のカーブは捻り損ないのゆるやかな角度で内角高めに入ってきた。ボールの縫い目まではっきりと見えた。この絶好球を藤尾は見逃さなかった。力まずにバットを振ると、打球はライナーとなってレフト頭上へ高く上がっていった。ボールは勢いをつけて小さくかすんでレフトスタンドに消えた。先制のスリーランホーマーである。これで勝負を決めようとした南海の出鼻を挫いてしまった。

昭和30年、日本シリーズ第5戦。南海の宅和投手から3ランを放ち、ナインに迎えられる藤尾（毎日新聞社提供）。

三塁を回る藤尾はコーチスボックスにいる水原と握手をした。水原は崩れんばかりの笑顔で、痛いほど強く彼の手を握り締めてくれた。

報知新聞は藤尾がバットを振り切って、一塁方向へ踏み出しながら打球の行方を見上げる写真を大きく一面に飾った。バットは大きなフォロースルーのために宙に飛んでいた。見出しに〈若手の先陣・藤尾の3ランの瞬間〉と記してこう書いた。

〈水原監督の抜てきにこたえて若い選手は実によく働いた。巨人の若い力の躍動をこの藤尾の一打が伝える。打球のゆくえを追う彼の輝く目、力強くふみ出された彼の足。一回裏無死一、二塁、若手の先陣をきった藤尾の3ランはこの瞬間に生まれた。〉

レフトに抜擢された加倉井もライトポール直撃の二塁打を打って打点一を挙げる。二塁の内藤もいぶし銀の上手い守備を見せた。スタメンに選ばれた若手選手が藤尾の一打で水を得た魚のようになって活躍した。巨人は九対五で南海に勝った。巨人は藤尾の一打を境に甦った。

水原は言う。

〈こうなると、勝てるという気分が盛り上がってきた。「どうでもいいや」という気分が勝利への意欲にかわった。沈滞した気分を一掃したのは、藤尾君のホームランだった。初回新人の藤尾君がホームランを打った。これが、何かひっかかっていたものを吹き飛ばした。〉

（『華麗なる波乱』）

以後、巨人は第六戦、第七戦も同じオーダーで臨み、第六戦を三対一と勝って三勝三敗のタイに持ち込み、最終戦の七戦で別所が四対〇で完封して、巨人が四勝三敗で南海を下した。第六戦では藤尾が先制のホームを踏み、加倉井は二安打を打った。第七戦は藤尾は五回、七回と一塁走者の盗塁を刺し、強肩を見せつけた。四回の裏に岡本伊佐美に二盗されたとき力が入りすぎて暴投になってしまった。

水原は「お前ならふつうにびゅっと放れば刺せるんや。軽くやればいいんだ」と励ました。それが続けての盗塁刺に繋がった。

内藤博文は〈別所さんと藤尾が組んだら絶好ですね。このバッテリーで走ったら、走るほうが無茶ですよ〉とまで言った。

それでも藤尾は初めての大試合の経験で、投手にサインを送るたびに体が武者震いして仕方がなかった。

報知新聞は〈藤尾の強肩といい、加倉井の活躍といい、巨人には来シーズンへ明るい見通しをもたらした選手権の勝利であった〉と評した。優勝祝賀会では藤尾と加倉井は嬉しさの余り、上半身裸になって日本一のチャンピオンフラッグを体に巻きつけて喜びを表した。奇跡的に逆転した日本一に選手たちも感激していた。水原は記す。

〈その夜、大阪北の〝北大和〟という料亭で祝勝会をやった。スキヤキを肴に無礼講であった。
「こら藤尾飲め、今夜はうんと飲め！」
別所君にビールのコップをつきつけられた藤尾君が、オイオイ声をあげて泣いていた。〉
（『華麗なる波乱』）

この活躍をきっかけに藤尾はレギュラーの座を摑むのである。まだ二一歳という若さだった。

投手の伊藤芳明は言う。

「ちょうど巨人はベテランばっかりで、なかなか若手が出てくるのは難しい。それは今も同じです。その意味で藤尾さんが大抜擢されて、レギュラーになったことは、チームの雰囲気をよくしたと思うんです。今で言えば松井秀喜がいきなり活躍したようなものでした」

4　巨人の正捕手

翌三二年の一月には雑誌に藤尾は抱負を述べた。すでに誰もが彼がレギュラーポジションを獲得するものと思っていたからだ。

〈巨人軍の捕手として恥じないように、インサイド・ワーク打撃面等を目標とし、過去の試合を顧みて自分の欠点をかばうように努めたく思う。〉（『ベースボールマガジン　昭和三二年一月号』）

春季キャンプは明石球場で行われたが、藤尾はすでに一月から練習を開始していたため、キャンプ初日から彼の打撃は群を抜いていた。二手に分かれた打撃練習では藤尾はベテランの南村と並んで行ったが、南村がゆっくりとバットにボールを当てているのに比べて、藤尾は来たボールを思い切りスイングして、首脳陣を驚かせた。レフトスタンドにピンポン球のように軽々と打球が飛んで行き、スタンドには球拾いの常備員が必要になるほどだった。水原は藤尾の豪快な打撃を見るたびに「ほう」と感心した様子を見せた。

彼はシーズン前の抱負としては、「去年は三分の一しか試合に出ていないので、広田さんと半分半分試合に出られればいい」という程度のものだった。一方広田は、「フジオ、いいキャッチャー。ぼくよりいいな。今年たくさんゲームに出るでしょうね。バッティングいいな」と答えた。水原はシーズンが始まると藤尾を広田の代わりにレギュラー捕手に抜擢した。遊撃には平井三郎に代わって早稲田出身の新人広岡達朗が抜擢された。藤尾の打順は守備重視ということもあって八番を打ったがもちろん打撃も快調だった。三月二十六日の中日戦ではセンターオーバーの逆転の二塁打を打った。四月四日の大洋戦では八回裏の一死一、三塁に左中間に三塁打を打って二人の走者を返した。これが大洋の追撃を阻む一打になった。

藤尾の打撃の特徴は好球を思い切りよく振り回すところにあった。フォロースルーでは体も腕も充分に伸び切って、左手のみでバットを持ち、バットと左手が一直線になるほど美しく伸び切っていた。バットも長かったので、きれいにミートすると打球はライナーで外野手の間を抜いて長打になった。守備でもハッスルプレーをしてナインを守り立てた。外野からの返球はジャンプしてでも捕って、体当たりのように走者にタッチしにゆく。六月十日の中日戦のダブルヘッダーでは八打数で五安打の大当たりを見せた。うち本塁打が二本、二塁打が一本、短打が二本という暴れぶりだった。打球のすべてがセンターから左寄りに飛んだもので、技巧に頼らずに若さで力いっぱいに振ったことがわかる。第二試合の二回には岩本堯を一塁に置いて、レフト中段に三百フィートの飛距離の本塁打を打った。六月に頭部に死球を受けてしばらく休んだときに、「頭にデッドボールをくらった選手は、球を怖がって、腰をひいて当たらなくなるぞ」と周囲に脅されても、「また当たってもいいから、球にくいついて打ってやりますよ」と答えるほどの向こう気の強さであった。足もあったから、打球が外野の間に転がると、快足を飛ばして迷うことなく一気に二塁まで滑り込むことができた。

七月に入るとオールスターゲームのファン投票では捕手部門の一位に選ばれた。二位を一二万票近くも引き離すぶっちぎりの一位であった。

彼は初めてのオールスター出場に気概を語った。

〈スターばかりのところへまぎれこむみたいで気がひけますよ。しかしとにかく思いきり暴れ回るという気概だけは十分です。ファイト以外にぼくの持味はないと思っているんですよ。だから打ちまくるというだけです。〉

（『報知新聞』）

このときの藤尾の成績は打率二九五（ベストテン四位）、打点一八（四位）、本塁打九本（三位）と素晴らしいものだった。

この年一四勝四敗を挙げて最高勝率を挙げた堀内庄《あつし》は藤尾と組んだ印象を語っている。堀内はドロップを武器に、主力投手として活躍した。日本で初めてチェンジアップを投げた投手としても知られている。

「藤尾さんは足は速いし、強肩だし、体はいいし、バッティングは鋭いし、何もかも揃った選手だと思いました。とにかく強肩だったですよ。二塁に走者が走るときは送球が速いから、逃げないと危ないほどだった。リードにしても力対力の勝負をするほうで逃げるとか用心はしなかったです。リードは中央突破型でした。バッターが力だったらこちらも力で行こうぜ。ツーストライク取ったら、三球三振を狙って一気に勝負をかけようぜといった具合です」

得てして強気が災いして打たれるときもあったが、水原はそのたびに叱っていたという。

藤尾の二塁への送球は出色だった。一塁走者が走ると、投手の肩すれすれの低い高さにボールが投げられ、それがマウンドを越すあたりから急速にボールが伸びて二塁手に届いた。地面を這うような低い送球だった。走者は投手のモーションを盗んでも藤尾の強肩でアウトになった。実際、彼の盗塁阻止はすばらしく、五月一日の広島戦から十六日の中日戦まで一一六イニングで盗塁を試みた九人の走者を連続して刺している。

藤尾は堀内が投げると、突然マウンドまでやってきて「次何放りたいんや」と聞くこともあった。「ドロップを放りたい」と言うと「じゃそれで行こう」と決めるときもあった。

「高校時代に投手を立てるということを指導者に教わったのかもしれないね」

と堀内は語る。彼が巨人に入団したとき、当時プロ二年目の藤尾を見て「凄いな、こんな捕手がいるのか。体の地が強いな」と感嘆した。

堀内は「藤尾さんは投手のミスを自分の中に収めて、他人に転化しないところがあった」と言っている。ただ藤尾本人に言わせれば、「僕は今でもそうなんですけど怪我に非常に弱いんですよ。怪我したら気分がぐうっと悪くなる。怪我ショックと言うのでしょうか。それを広田さんは走者にぶつかっても知らん顔をしている。この人は凄いと思いました」となる。

この年一五勝七敗を挙げた安原達佳《たつよし》も言っている。安原は昭和三〇年からコンスタントに一五勝前後の勝ち星を挙げて、後に打者に転向した。

「藤尾さんはよく投手を庇ってくれました。よくおだててくれるんですよ。球が自然とスライドしたり、シュートしたりすると、〃今日は球切れてるぞ〃〃いいぞ、お前調子いいよ〃と言ってくれるんです。投手は単純だからそうかなと信じるんですよ。そうするとだんだんよくなってね。気持ちを乗せるのが上手かったですね」

安原のプロ初登板は阪神戦で九回からのリリーフだったが、藤尾が捕手だった。投げる前にマウンドまで走って来て「大丈夫か」と声をかけてくれた。それでも安原は緊張して捕手の姿が遠くに見えて仕方がない。プレイボールがかかって投げてみると、バックネットめがけた大暴投になってしまった。萎縮する安原に向かって、「大丈夫だ」と励ましてくれた。

この頃の巨人の選手はそれぞれが強い個性を持った侍のような気風を持っていた。監督は水原で、どちらかと言えば勘で動く人であり、助監督は選手兼任で川上と千葉が務めていた。ベンチにいると千葉が水原に話しかける。

「監督、もう寝とってもいいよ。目を瞑《つむ》っていてもいいよ」

試合が七回になると、千葉が全選手に呼びかける。

「よし、行くぞ。監督はサイン出さんでもええよ」

ここでナインは気分を引き締めて、リードを許していても打ちまくって逆転をしていた。

藤尾は練習熱心だった。へばることを知らず、育ちもよかったから、性格的に暗い影がなかった。のびのびと自分の野球を作り上げてゆくタイプだった。

川上哲治は雑誌『野球界』で「近来の大器」として彼を語った。


〈最近しばらくの間名捕手がいないと嘆かれていた。しかし藤尾を得て、この嘆きは返上できる態勢になって来たと言い得ると思う。

強肩、強打、好守、好走と三拍子も四拍子も揃った近来の大物捕手だ。〉

と賛辞して、これからの課題を挙げている。

〈バッティングについて言えば、大物打者であることは間違いないが、ピンチに際しては打てぬという弱点がある。これは経験の不足で、経験を積んで、絶対逃がしてはいけない球、くさい球はファウルにして粘る方法など覚えてくれれば、現在以上に優秀な打者になれるだろう。〉

そして最後に期待を寄せている。

〈要するに、まだどの部面でも経験の不足ということは覆い得ないが、若い彼としては、これは当然のことで、真面目で研究熱心、素直な彼は、いずれ近来の大物捕手と言われる日を迎えるに違いない。〉

さらに川上はこうも望む。

〈外に現れずとも内に秘そめた強いファイトを持って、扇の要である捕手の位置を守ってもらいたいことだ。〉

（『野球界』昭和三一年八月号）

藤尾は八月二日の甲子園球場の阪神戦では二回に真ん中高めの球をレフトラッキーゾーンに入る本塁打を打ったかと思うと、守備面でも活躍した。六回の二死一、二塁のピンチに田宮謙治郎のバックネットすれすれのファウルボールをネットによじ登りながらノーバウンドで捕球して、アウトにした。八回一死では三塁ベンチ寄りに上がったファウルを猛然と追いかけ、滑り込んで捕球するというプレイも見せた。五万人の観衆もこの場面に拍手を惜しまなかった。

藤尾は「ファウルフライをとるのは高校時代から自信があった。今夜のフライもグラウンドに返ってくる上がり方なのでとれると思った」と感想を述べた。十九日の阪神戦では土屋正孝のセンター前のヒットで、一塁走者の藤尾が一挙ホームを突いたがタッチアウトされる場面もあった。アウトにはなったが、そのまま相手捕手に激突し、ホームベースを超えてグラウンドに転倒してしまった。藤尾はぶち当たった衝撃でしばらくは起き上がれなかったが、心配した相手捕手の徳網茂と次打者の十時啓視に抱えられてようやく立ち上がった。

若さが溢れるファイトだった。

九月になっても藤尾は元気だった。九月十八日の大洋戦では二三勝を挙げているエース秋山登から四打数四安打四打点の活躍だったが、彼のスイングはアッパー気味なので、秋山のようにサイドスローから浮き上がってくる球には弱かった。その苦手の秋山から打ったところに意味があった。

藤尾は守備でも四回裏に二塁走者がヒットでホームを突くのを、走者と体当たりしながらもタッチした。二塁走者岩岡も転がり込むようにホームを突き、藤尾と激突。藤尾も足もとをすくわれ激しく転倒したが、地面に仰向けに転がりながらもボールを離さず、倒れた姿勢でがっちりボールを摑み、右手を大きく挙げてアウトをアピールした。本塁突入をめぐるクロスプレーでも藤尾は率先して主審に抗議した。主審を取り囲むナインよりもさらに前に出て半身になってゼスチャーを交え説明する。彼が目を大きく見開き、眉を吊り上げて審判につかみかかる形相はそれだけで迫力があった。

その最たる例が七月三十一日の甲子園球場での阪神戦だった。六回裏の阪神の攻撃で後藤次男が三塁ゴロを打って、三塁走者の田宮が本塁へ突入した。打球を処理した三塁岩本がすぐさま藤尾へ送球したが、彼のタッチをかいくぐって本塁へ生還したかのように見えた。主審の判定はセーフであったが、この判定に藤尾と水原が激しく抗議した。

水原は「どこを見てるんだ。眼鏡のピントが合っているのか」と主審の眼鏡を外したため退場処分となった。退場にはなったものの、チームの士気を高めるファイトだった。

この当時、他球団の捕手の人材としては阪神に徳網茂がいた。彼は京都商業時代に神田武夫（後南海）とバッテリーを組み、甲子園に二度出場し、プロ入り後オールスターゲームに四度選ばれている。中日には杉下茂と組んで日本一に輝いた河合保彦がいた。これらの逸材と比較して藤尾は強肩とフットワークで首位を占めていたが、打力も入れれば一段と彼らを引き離すことになった。野球評論家の大和球士は、評した。

〈インサイドワークの点では徳網をあげる向きが多いが、何より捕手の資格は強肩でなければならず、藤尾をもって第一とする。いかに捕手が明敏な頭脳をもっていても、ランナーの出る度毎に、投手が何時盗塁されやしないかと恐怖心を抱いている様では、内助の功は果せない〉

（『野球界』昭和三一年五月号）

「野球界」の昭和三一年七月号では、巨人の四番打者川上哲治が二千本安打を達成したのを機に「川上を継ぐ者は誰だ」というタイトルで四ページを組んだが、大和球士は第一、第二グループに分けて、第一グループの筆頭に広岡達朗を挙げている。その次に藤尾を挙げた。大和は戦前から『都新聞』で野球記事に健筆を振るってきた記者であるが、戦前の巨人の名捕手吉原正喜（昭和五三年野球殿堂入り・ビルマで戦死）と比較しながら述べている点は興味深い。吉原は走攻守に優れた捕手で、いつも元気いっぱいでナインを叱咤激励し、巨人軍で最高の捕手と言われている。

〈藤尾は、かっての実力人気兼備の捕手吉原の域までは間違いなく到達すると思う。強肩と打力で吉原を既に凌ぎ、脚力は互角、ただしナインを叱咤激励する気迫では吉原にまだ及ばない。藤尾も広岡と同じく人間的に甘さがある。呑気なところが多分にあって、ピリピリとしたところが乏しい〉

かつて広田が正捕手のときは、藤尾は大きな体を萎縮させて小さく構えていた。そのため広田に比べて投げにくいという声が投手陣にあった。ところが日本シリーズでの起死回生の本塁打を打ってから自信がついて自然にゆったりした構えをするようになった。

大和は藤尾にこう要望した。「吉原に追いつき追い越せ」と。脳裏には吉原の在りし日の姿を描いていたようにも思われる。さらに述べた。

〈ナインを叱咤激励して、時に打てず、時に守りの乱れるナインの士気を高めるのは自分の義務であると固い信念をもって本塁を守って貫いたい。ナインを引っ張るだけの精神力なしに、愛球家を魅了することはできない。ナインを引きずる気合があれば必ずスタンドの愛球家にも届く。届いてコダマする。そのコダマしたものが即ち人気である。〉

巨人は九月二十四日に広島に勝って優勝を決めたが、その決める一打を放ったのも藤尾だった。一点リードされた七回に胸のあたりへの球を見逃さずレフトへツーランホーマーを叩き出したのである。これで巨人の通算一四度目の優勝だった。

日本シリーズは西鉄ライオンズとの初めての対戦で、別名を〝巌流島の戦い〟と呼んだ。巨人の監督を失意のうちに去って、遠く九州の西鉄ライオンズの監督になった三原脩と、三原の後任として巨人の監督になった水原とは、両者の間に横たわる因縁があると誰もが思い、その点を称してこう呼んだのである。事実三原は弱小チームであった西鉄を地道な指導と補強でパ・リーグの最強チームまでのし上げたこともあり、名門巨人との対決には並々ならぬ闘志を燃やしていた。

第一戦はシーズン途中で右手中指の怪我のために戦列を離れていた大友工が先発したが、西鉄打線はサイドスローから浮き上がってくる大友の球に苦戦して散発四安打に終わった。藤尾は五番捕手で先発出場し、西鉄川崎徳次からレフト前へタイムリーを放った。守っても終始はちきれんばかりの掛け声を出して、外野手を叱咤激励したり、三塁側スタンドに入りそうなファウルボールを猛然と追いかけ、西鉄ベンチの上縁にぶら下がって捕球しようとした。「ファイトの塊」の藤尾に西鉄の選手たちは、一斉にベンチの奥に逃げてしまった。

試合は四対〇で巨人が勝ったが、西鉄は新人稲尾和久が第二戦以降の試合すべてに登板し、三勝を挙げて、結局西鉄が四勝二敗で巨人を下して初めての日本一になった。

巨人も新旧交代の時期にさしかかっていた。

5　メジャーリーガーも震撼させた捕手

その年の十月十七日にアメリカ大リーグでナショナルリーグ優勝のブルックリン・ドジャース（現ロサンゼルス・ドジャース）が来日した。日本チームとの対戦は一四勝四敗一分けで、これは今までのアメリカチームの中では最低の成績だったが、随所に好プレイを見せて大リーガーとしての片鱗を見せた。ドジャースの正捕手はキャンパネラが務めていたが、彼はMVP獲得三度、打点王に輝いた名捕手で、一九五三年に記録した四一本塁打、一四二打点は球団記録となっている。彼の背番号「39」は永久欠番である。

巨人対ドジャースの第四戦（十月二十三日）は札幌円山球場で行われたが、宿舎の帝国ホテルで鈴木惣太郎をまじえてキャンパネラと藤尾が〈捕手談議〉を行った。

試合に出ている藤尾の姿を見てキャンパネラは感想を述べた。

「今まで見た日本の捕手の中ではフジオが一番いい。若いけど、よくチームをまとめているね。僕らのベンチの中までファウルボールを捕りにつっこんできた。目を大きく開いてぐっと睨むんだ。いいね（笑）」

さらにこうも助言した。

「いい捕手だからゲームに出るたびによく見ていたよ。どういう球を投げるかもよく知っているけれども、少し肩に力を入れすぎるね。力を入れすぎるとモーションが大きくなり、送球も悪くなる。だから君はもっと軽く投げていいと思うな。それはそんなに心配しなくてもいいんだ。ボールのほうが絶対ランナーより速いんだから」

キャンパネラは藤尾に捕手の経験年数を尋ねた。五年だと答えると、キャンパネラは突然ふしくれだった大きな指を藤尾の目の前に出した。

「この指を見てくれ」と言うと、彼は指を触わらせた。藤尾が恐る恐る太い指をなでると、キャンパネラはしっかりと見つめて話しかけた。

「私は捕手をはじめてから二十年になる。君もしっかりやりなさいよ」

藤尾は緊張した面持ちで「頑張ります」と答えた。

彼は打棒でもメジャーリーガーに力を見せた。十一月九日の第一六戦ではドジャース先発のブランカのカーブを叩いて、外野へのフライとなったが、打球は勢いがついて外野手の頭上を越えた。藤尾は二塁まで行くと、まだボールは外野を転がっている。そのまま快足を飛ばして三塁ベースも回ってしまった。気がつくと悠々とホームも駆け抜けてランニングホームランになった。全日本選抜の試合でも藤尾は堂々と正捕手を務めた。

シーズンオフに藤尾はセントラルリーグのベストナイン捕手に選ばれた。三一年度の藤尾の成績は、一一七試合出場、本塁打一四、打点五八、打率二七六　盗塁一二だった。これをリーグ全体での比較をしてみると、打率は五位、本塁打も四位、打点も四位とすべての部門でリーグの五位以内に位置している。興味深いのは捕手でありながら盗塁を一二個している点で、失敗は二しかないので、驚くべく成功率の高さを示している。

このときのベストナインのメンバーは以下のとおりである。

投手　別所毅彦（巨人）、捕手　藤尾茂（巨人）、一塁　川上哲治（巨人）、二塁　井上登（中日）、三塁　児玉利一（中日）、遊撃　吉田義男（阪神）、外野　与那嶺要（巨人）、田宮謙次郎（阪神）、青田昇（洋松）

なお、パシフィックリーグのベストナイン捕手は南海の野村克也だった。このとき藤尾に対して〝吉原二世〟との呼び名がつけられるようになったが、彼自身はこう語っている。

「吉原さんのごつい顔と僕のごつい顔が一致したと思いますね。僕は怪我に弱いけど吉原さんは強かった。やはり顔のイメージから来ていると思います」

確かにマスクを外したときの藤尾の睨みつけるような怒った表情は吉原のそれと瓜二つである。一直線の太い眉、鋭く輝いた目、長いアゴ、頬が角張った顔の輪郭なども吉原と同じである。藤尾の顔を「神武天皇以来の大和民族の特徴」「日本武尊もかくやと想像させる精悍な風貌」と評する向きもあった。

野球評論家の小西得郎は『野球界』昭和三二年二月号で、「お好み二十傑」というタイトルをつけて各球団から若武者二〇人を選んで批評した。巨人からは藤尾が選ばれている。若い選手を対象にしているだけあって手放しで褒めてはいないが、期待を持たせた内容である。

〈打力といい、キャッチャーとしての捕球動作ということについて、藤尾を一番、キャッチャーの未来の大物として嘱望はしている。が、喜怒哀楽といいますか、殊にピッチャーが不調の場合、顔色に出すことなんかは、彼に対して一番叱言いたい所ですね。……やはりあれは、自分の心で泣いて、じいっと我慢する。顔色に出さないというふうに、なって貰いたい。…どうも見受けるところ、いつも顔色に出す。殊に眼と眉毛の間に、すぐシワを寄せて、小クビをかしげるということが多いですね。あーいう態度のなくなることをわたしは望みたい。〉

面白いのは小西も吉原を引き合いに出して、藤尾と比較している点である。川上は小西と対談したとき、藤尾と吉原を比べて語ったという。

「あいつ（藤尾）は、吉原に似ているけど、インサイドベースボールは吉原のほうがいい」

これを受けて小西は、試合に勝っているときのファイトは吉原に優っているが、投手の成績が悪くなると、吉原ほどのファイトと暖かさがないと指摘している。

亡くなった千葉茂も「ヨシに一番近いのは藤尾だった。素質としてはあったんやが、球を怖がっていた。当たると痛がるんや」と述べていた。

実際に藤尾はこれからお手本とするのは「吉原のファイト」と「ヨギ・ベラの打撃」「キャンパネラのインサード・ワーク」だと週刊誌に答えている。

「ファイトだけは持っているつもりです。他の人にひけをとらないくらいに」

このときに巷では川上の伝記映画「川上哲治物語　背番号16」が上映されていたが、そこに出てくる吉原の溌剌としたプレーを見て、彼は感動した。スライディングして足を痛めていながら、誰の肩にもつかまらずに一人で歩いてゆく姿や、ファウルフライを追いかけてベンチのコンクリートで頭を強打してもボールを離さなかった姿に、である。とくにベンチの壁に吉原の血と髪の毛がべっとりとついていた場面には強い印象が残った。

私生活も愉快だった。この頃藤尾は自動車の免許を取ったが、さっそく車を借りてきて同僚の安原の許にやって来た。安原は言う。

「藤尾さんが寮で最初に免許証を取ったんです。取ったから車に乗れというわけです。乗って五反田に行ったのですが、当時はまだ路面電車が走っていたんです。その線路には車を入れてはいけなかった。だけどすぐに線路に乗り入れて電車をストップさせてしまった。雨の日でしたから、坂道ではブレーキを踏むと車が真横を向いてしまって、そのまま横から坂を滑って行きました。そのまま発進したら電信柱の寸前で止まりました。あそこでぶつかっていたら死んでいました。もう車に乗るのは止めましょうよと言ったことがあります」

寮は門限が夜の十時だった。ちょうどキャンプ前で自主トレを行っている時期だったが、雪が積もっていた。藤尾の部屋は二階だったが、夜中まで街で遊び歩いてしまい門限に遅れてしまった。寮長の上が藤尾の部屋である。寮の周りは雪が降り積もって静かである。

安原は言う。

「寮長が小山さんと言って、早稲田でラグビーの選手だった方でした。この方が堅くて融通がきかないんですよ。門限の時間が来たらぴたっと閉めてしまう。裏の鍵も閉めるから入れないんですね」

そこで藤尾は一計を案じ、事前に安原に電話をかけて、二階の雨戸を開けて窓から紐を垂らしておくように命じた。窓沿いに杉の木が何本か生えており、杉の木を伝って上に上り、紐にぶら下がって二階まで行こうという算段である。用意周到な藤尾はその晩、雪を踏みしめながら、予定どおり杉の木に登って、自分の部屋へ帰りついた。だが一つだけ失敗があった。

翌朝、寮長の小山が庭を見ると、塀を越えて、足跡が残っている。ところが窓の傍で突然足跡が消えている。小山はすぐに選手たちを集めて聞いた。

「昨日のことだが、誰かが途中まで帰って来たらしいが、足跡が消えている。不思議だ。何故だろう」

選手たちは藤尾の仕業だと知っていたが誰も本当のことを言えなかった。愛すべき性格だった。そして酒は弱かった。この点も吉原と同じであった。

前年ベストナインにも選ばれ自信をつけた藤尾は三二年は開幕当初から正捕手の座を約束させられていた。ドジャースとの対戦が終わった翌年の二月だった。ちょうど巨人は淡路島の洲本で若手選手を集めてキャンプを張っていた。そこへ意外な知らせがもたらされた。ドジャースのオマリー会長からの招きで、監督の水原と投手の堀内、捕手の藤尾がベロビーチへ留学することになったのである。水原はドジャースのスタッフに混じって監督の勉強をし、藤尾と堀内はチームに混じってコーチを受けて、オープン戦にも出場するというものだった。もともとは一年間ドジャースのファームで過ごすという提案だったが、日本でのシーズンに支障をきたすので、スプリングキャンプへの参加となった。

この伏線は、昭和三一年秋のドジャースの来日、日米野球試合にあった。巨人は初戦に堀内が先発したが、三回を投げてドジャースの選手六人から三振を取った。そこでオルストン監督らドジャース関係者は堀内に白羽の矢を立てた。同時に精悍な動きを見せる藤尾にも目が留まった。

藤尾は言う。

「昭和三二年はとてもじゃないが、アメリカへ行ったら帰って来れないんじゃないかという感覚でした。そのくらいの距離がありましたし、手続きや渡航の理由にも厳しかった」

実際二人が手にしたパスポートは大変に仰々しいものだった。紫のカバーで二つ折りになっており、表紙には日本国の国旗が描かれ、見開きの右側のページにはこう記されている。

右の者は日本国民であってトレーニングキャンプ参加のため米国へ赴くから通路交渉なく旅行させ、かつ必要な保護扶助を与えられるようその筋の諸官に要請する。

昭和三二年二月十五日　日本国外務大臣　岸信介

さて日本からは水原、堀内、藤尾の他に鈴木惣太郎も同行したが、三人は二月二十八日にベロビーチのドジャースタウンで行われているスプリングキャンプに参加した。

グラウンドは五カ所あり、ナンバー1と2が打撃練習場、3が守備練習場、4がピッチングマシンによる打撃練習場、5がレギュラーバッティング及び試合場と目的が分かれていた。藤尾はボールを両手で捕ることを厳しく指導された。

彼は左腕のコーファックスの球を受けた。コーファックスは投手の三冠王（最多勝、最優秀防御率、最多奪三振）に輝き、ＭＶＰ、サイヤング賞に輝いたメジャーリーグ史上最高の左腕投手と呼ばれた男だが、このときはまだメジャーリーグでも四勝しか挙げていなかった。ジェットと呼ばれる速い速球はあったが、コントロールに難があり苦しんでいた。

藤尾は若き日のコーファックスのワンバウンドの球を取るのに大変苦労した。彼はこう回顧している。

〈今日の相手は左腕のコウファックス投手で、彼は大リーグ生活二年、一昨年は二勝二敗、昨年は二勝四敗の成績を持っている。アダ名を〝ジェット〟といわれるくらいの速球の持ち主だが、コントロールがなく、実にワンバウンドの多いのに閉口した。もっとも、一般に、低目に投げる練習をしているので、だれでもよくワンバウンドを投げるのだが……。だが、それにしても、コウファックスと一緒になったのは運がよいのか悪いのか。〉

（「ドジャースのふところに抱かれて――ヴェロ・ビーチの日記帳」）

コーファックスはコーチの指導を受けながら、低め低めに投げようとするが、ときおりドロップも投げてくる。地に響くような速球が突然ブレーキがかかって落下し、藤尾の手前でワンバウンドする。藤尾は後ろに逸《そ》らすのは恥だと考えて、彼の球を胸で受けるようになった。球の勢いに藤尾は顔をしかめる。二球目はストレートだ。再びショートバウンドする。胸に当てたものの、さすがに球の力に押されて尻もちをついてしまった。鈍い痛みが胸全体にじわじわと広がった。さらに三球目も藤尾は決死の形相で立ち向かってゆく。

周囲の選手たちは心配して「逃げろ、逃げろ」と本気で叫んでいた。彼らは藤尾の果敢な姿を見て「カミカゼ、カミカゼ」と囃し立てた。

藤尾を指導したビリー・ハーマンコーチは、こう評した。

「彼は今日の大リーグのどんな捕手にも劣らない優秀な捕手である。彼のバッティングはそれほどでもないが捕手としてはまったくすばらしい」

彼の持ち味である豪快な打撃が評価されなかったのは不思議だが、ハーマンコーチはこう語った。

「彼はボールをいつもシングルハンドで捕る。そして、常にグローブにはめた手をいっぱいに動かしながら、捕球する。彼がどこでこの捕球法をおぼえたか知らないが、ドジャースでそんな捕り方をするものは一人もいない。事実私のおぼえている限り大リーグの捕手では、わずかにニューヨーク・ヤンキースのビル・ディッキー一人である」

この捕球を見たスポーツライターたちは藤尾をドジャースの最初の紅白試合に出場させるように進言したという。オルストン監督は即座に彼の出場を決めた。

オルストンは語った。

「確かに彼は見ているだけでもちょっとしたものだ。彼はゆり椅子にすわりながら、球を捕っているようで、えらくキャッチャーの仕事を簡単そうにやるのだ」

藤尾の打撃についてはスタンスを広く取りすぎていたので、これを狭くし、球に食いついてゆくときに足を踏み出して腰を回すように指導された。その結果、彼の打撃は思い切り振り切れるようになって、レフト線に飛ぶようになった。

オルストンは言った。

「彼は打者としての力を充分に持っている、だが彼の今の打法はまだコンスタントに当たりがでていない。藤尾はまだ若いし未完成なのだ」

また日本で対談した捕手のキャンパネラも改めて言った。

「藤尾君は立派な素質と恵まれた条件を持っている。バッティングも鋭いが、腰の入れ具合にもう一寸工夫をすれば、一層優れたスラッガーになれるだろう」

藤尾は雑誌の手記（「ドジャースのふところに抱かれて——ヴェロ・ビーチの日記帳」）でこう感嘆している。

〈その設備の立派さには、ただただ感心するばかりだ。大リーグの強さは、こういう基盤としてできあがっているものと痛感した。〉

（『ベースボールマガジン』昭和三二年四月号）

三月三日に最初の紅白試合が行われたが、藤尾は四回からさっそく起用された。パスボール、一失策（ホームでタッチして落球）で二点を与えてしまった。彼は雲の上を歩いているような気持ちで、頭はガンガン鳴り、口の中はカラカラにかわいて声がでなかったという。

堀内は言う。

「鈴木惣太郎さんが、オマリーさんの信頼が篤くて通訳をしてくれました。まるで天国でした。メジャーの選手と一緒に麦畑のようなグラウンドで練習をしました。外野には塀がなかったですから、土手を越えたらホームランです。メジャーは今と違って一六チームの時代ですからレベルも高かった。藤尾さんはメジャーリーガーにも全然力負けしないで、土手まで飛ばしていました。何回も試合に出ていましたよ」

堀内は三月六日の二回目の紅白戦に登板したが、ドロップと直球を駆使して、二回を投げてヒットなし、三振二つを奪った。メジャーリーガーも顔色なしという状態だった。彼は球を回転させないで、落ちる球種を習得した。これがチェンジアップで、アメリカではカーブとスライダーだけでなく、スピードを変える球が一番大事とされた。直球と同じ腕の振りと握りで、抜いたように投げるから、球が遅く出てきて打者はタイミングが狂ってしまう。

現在は誰でも投げるボールであるが、堀内が日本で初めて投げたことになる。

二人の溌剌とした動きを見て、ドジャースの副会長のフレスコ・トンプソンがしみじみと言った。

「できることなら、この二人の日本選手をわれわれのチームに加入させたいものである。この二人はきっと立派な大リーガーに成長できると思う」

それはオマリー会長、オルストン監督、そして平生はなかなか感心しないスポーツライターたちも同じ意見だった。藤尾は二二歳、堀内は二一歳、ともに年齢的にもこれから伸びる素材であった。

藤尾は当時の様子を語った。

「私は生存競争の激しさを学びました。球場が二つか三つありまして、選手の成績によって行く球場を替えられます。毎日が成績によって絞られてゆくのです。オープン戦が始まる。四〇名おったのに、あれっと思うと三〇名になっている。さらに二五名になっている。メジャーになれないと駄目なんだという象徴として、朝食のときはレストランではウエイトレスがいて、オーダーを聞いてくれて好きなものが食べられる。3Aになったらバイキングで自分で用意しなければならない。メジャーでは泥だらけのユニフォームをロッカーに入れても翌日はきれいなユニフォームとスパイクが置いてある。凄いなと思いました」

メジャーリーガーの奥さんは球場傍のプールで子供たちと遊んでいる。ゴルフ場もある。さらにはサロンまであった。そんな風景も垣間見た。何もかも日本とは設備が違いすぎた。もう一つは選手のマナーだった。藤尾がオープン戦に出場したとき、三塁走者とクロスプレーがあった。

藤尾がタッチをしようとすると、その選手は足を上げてホームに滑りこんできた。藤尾の目の前にスパイクが迫ってきたので、一瞬よけると、すぐにオルストン監督が血相を変えて走ってきた。そしてスライディングした選手をかなり厳しく叱ると、鋭い声で「退場だ！」と命じた。

藤尾は言う。

「同じチームの同僚で怪我をさすなということです。そんなことで同僚に怪我をさせるとチームにマイナスになるという考えなんです。そういうエチケットですね。アメリカ人はマナーが悪いように見えますが、決してそうではない。悪いことは悪いと区別してるんですよ」

メジャーリーガーはキャンプに入ったときにすでに体もできており、初日から打撃練習も本格的に行っていた。日本の場合は、キャンプに入ってからゆっくりと体をつくるが、アメリカはそうではない。すぐに紅白試合、オープン戦ができる状態になっていた。堀内はチェンジアップを、水原はブロックサインを日本に持ち込んだのが、ドジャース留学での土産であった。

藤尾はドジャースでの経験をとおして、「名実ともに日本一の捕手と呼ばれても恥ずかしくないようにがんばる」と語った。

6　控え捕手　森の思惑

藤尾の潑剌とした活躍をベンチで見ている控え捕手がいた。後に正捕手となる森昌彦である。

森は藤尾に遅れること二年の昭和三〇年に岐阜高校から巨人に入団した。このとき助監督だった千葉茂は生前語っていた。

「森というのはわしが二軍監督のときに二軍要員として入れたんだ。二軍を充実させるために馬場正平など一八人入れた。森はその中の一人や。あんまり大きな期待はなかった。だがあの男の独特の粘りでもって、粘って粘ってずっと残っていった」

実際に入団した昭和三〇年は公式戦には一試合しか出ていない。翌三一年には一三試合で打率は一三打数一安打の〇七七でしかない。

森は元気いっぱいにプレーをする藤尾を見て「この人にはかなわない」と思った。年齢は森よりも二つ上に過ぎなかったが、肩はいい、足は速い、打撃はいいと、どれをとっても藤尾と対等に戦うことのできる要素はなかった。

しかも森にとって競争相手は藤尾だけではなかった。この頃の捕手には森より四年先輩の棟居進、同期で中京商業出身の加藤克己らがいた。加藤も中京商業が甲子園大会で優勝したときの捕手だった。森はこれらの錚々たるメンバーを見て、一軍でプレーすることはとても考えられず、二軍の試合でレギュラーを目指すことだと思うしかなかった。

入団した年の六月、森は広島に遠征中の一軍から呼び出しがかかった。ブルペン捕手の一人が怪我をしたので、その穴埋めに呼ばれたのである。一軍昇格ではなく、雑用係の補充であった。その点を渋っていると、寮長の武宮敏明から一喝された。

「馬鹿野郎！　これもチャンスの一つじゃないか。すぐに行け」

森は夜行列車「筑紫」に乗ったが、球団から渡された切符を見て、「特二」の列車だと知って仰天するほど驚いた。二軍では「三等車」に乗るのが決まっていたから、その破格な扱いにびっくりしたのである。乗ってみると、他の乗客はリクライニング・シートを倒して、足を伸ばして寝ているように座っていた。森は今までリクライニング・シートというものを知らなかった。

その思い出を森は自著で語っている。

〈「へえー、一軍になると、こんなのに乗れるのか」

妙な感心をして、早速、自分もシートを倒そうとしたが、困ったことに、やり方がわからない。肘掛けのところにレバーがあることなど知らないから、てっきり背もたれをうしろに押して倒すのかと思ってやってみたが、ビクともしない。〉

（『勝つための参謀学』）

結局最後まで倒すやり方がわからず、森は三等車と同じように直角に座って広島まで行った。人に尋ねようとしても恥ずかしくて「そんなことも知らないのか」と馬鹿にされそうで聞くこともできなかった。広島までほとんど眠ることもできなかった。

一軍に合流したものの、試合に出ることはなく、もっぱらブルペン捕手を務めているだけである。試合だけではなかった。打撃練習もさせてもらえず、練習が始まればバッティングキャッチャーをしなければならなかった。試合中はブルペンにいて投手の球を受けるのでベンチに座ることも許されない。彼は藤尾の溌剌したプレーを見ながら、いつしか自分なりに藤尾に勝てる要素はないか探すようになっていた。

森は述べる。

〈当時は捕手を指導してくれるコーチがいなかったから、黙っていたのでは、誰も教えてくれない。教えてくれないからといって、ぼんやりしていたのでは、いつまでたっても上達しない。上達しなければ、やがてお払い箱である。〉（同）

森は藤尾に抜かれて控え捕手になっていた広田順のもとを訪れた。広田は三一年を最後に引退してしまうのだが、彼は捕手にとって守りがいかに大切かということを説いた。藤尾はどちらかと言えば打撃重視の攻撃型の捕手である。守りを重点に森は何とか藤尾の域に一歩でも近づくことはできないか思案を巡らした。

幸い、藤尾の前に正捕手を務めていた広田は引退がこの年限りで決まっていたから、森は広田に聞くことにした。それでも藤尾を抜くことなど考えられず、その足元にでも近づきたいという一心から広田に尋ねたのである。

「藤尾さんがレギュラーであることはいたしかたないから、なんとか二番手キャッチャーとして、一試合でも、一イニングでもゲームに出させてもらって、出させてもらったら、与えられたイニングを完全に守れるようになることが先決だ」

と森は考えた。そしてこうも思案した。藤尾さんがいかに優れた捕手であっても、人間であるかぎり、どこかに弱点をもっているはずだ。そこを自分が補えるようになれれば、自ずから活路が開けてくるに違いない、と。

当時のこの分析を後年になって「そのようなことを考えたこと自体、大それたことである。それほど、藤尾さんは申し分のない選手だった」と森は述懐している。

広田は彼に「捕手は日頃の勉強がとくに大切だ」と説いた。控え捕手であっても、試合を観戦して、いつも自分が捕手のポジションにいるつもりで配球を組み立てて、実際の試合展開と照合することを教えてくれた。森は試合に出ることはなくても、試合を見ながら投球の組み立てを考える習慣がついたことが、後に試合に出たときに活きてくるようになった。

そして森はこう判断する。打撃では及びもつかないが、広田が助言した守りの面では勝てる要素があるのではないかと。森はこのときから、守りの面を集中して学び、鍛錬するようにした。藤尾はよく怪我をするから、そこに自分が付け入るチャンスもあると彼は思った。以後、森は好んでブルペン捕手を務めるようになった。試合で使ってもらうために、まず投手から好かれるようにと、いつでもどこでも投球練習を受けるようにした。正規の練習以外でも休みの日でも、投手から声をかけられれば、元気よく二つ返事をして、捕手を引き受けた。そしてただ球を受けるだけでなく、投手の球筋、癖、調子がいいときのフォームの特徴を知るように心がけた。やがてどのように構えれば投手は投げやすいか、ボール気味の球をストライクに見せるにはどういう捕球方法がよいか、この投手は調子が崩れると腕が下がるとか見極めができるようになった。

この頃巨人には雨天練習所もなかったので、雨の日は丸子橋という橋の下でエース別所の球を受けた。別所は雨が降っても練習を休まなかったので、自ずと森も休日はなくなった。映画にも食事にも行けず、ひたすら別所の球を受けた。

そのうちに森の頭の中に着々とデータが刻まれていった。分厚いノートは資料でいっぱいになった。だが依然として巨人の正捕手は藤尾が君臨していた。

藤尾が怪我をしたときにたまに公式戦に出る機会はあったが、サイン違いでパスボールをすると「お前が悪いんだ！」と投手に怒鳴られもした。

「サインが違っても、きたボールを受けるのがお前の仕事だろ。そんなもんも受けられないで、それでもプロのキャッチャーか」

先輩投手に叱られても、言い訳をすることは許されなかった。

巨人の初代監督で、昭和二九年にコーチをしていた三宅大輔は、まだ一軍出場の少なかった藤尾について捕手の心構えを説いた。三宅は「あくまで捕手は女房役」と説いて捕手が出しゃばることを藤尾に戒めた。

「日本では捕手が、投手をリードすることがいいと思っているが、捕手は投手を文字どおりのリードをする気になってはいけない。捕手は投手の女房だ。女房が亭主を導いてはいけない。亭主を気持ちよく働かすのがいい女房だ。君がだんだんと先輩になって、よい捕手となったら、この考え方がますます必要だ」

以後、藤尾は引退するまで三宅の教えを大事に守り続けるようになる。後年彼はエース藤田元司との座談会（『ベースボールマガジン』昭和三三年七月号）で捕手の心構えを述べている。

〈しかし例えばキャッチャーがインコースに構えて、インコースの球をガーンと打たれますね。そういう場合に、キャッチャーがあそこに構えて自分が投ったら打たれた、だからキャッチャーが悪いんだと、こういうふうにとられたら、僕一番いいと思うんですよ。〉

あるいは、走者が安打を打って二塁に行ったときに、こうかばう。

〈どうも今は僕のサインが盗まれとったらしいと——事実盗まれてないんだけれど（笑）、そういって自分を責めるわけなんです。そうしたらピッチャー、ああ、サイン盗まれたから今いかれたんだなと、また立ち直るかも分からないんですよ〉

ここには徹底的に自己犠牲を強いて、投手を立てるという、捕手のあり方がある。捕手が女房役と言われる由縁だが、藤尾はそのような考えを持つ選手だった。

この当時の巨人の投手陣は、ボールが汚れて審判が新しいボールに替えてくれることを嫌がった。新しいボールには油がついているから、あぶらっ手の投手はカーブが投げにくいからである。藤尾はそのたびに、審判に「このボールなんだか重くないですか」「これは縫い目が痛んでいますな」とクレームをつけて、手馴れたボールに替えてもらうのだった。交換してくれないときは、ボールをわざと地面に落として、古いボールと同じ状態にして投手に戻してくれた。そんな気配りも欠かさなかった。

後にエースとなる藤田元司は試合の七回になると崩れる癖があったが、彼が打たれ始めて走者が塁上にいるときは、藤尾がタイムをかけてマウンドまでやって来る。走者が還れば同点という場面である。

「ガン（藤田のこと）さん、ここらでいっちょう、気持ちよくホームランを打たせてやろうじゃないですか」

「ねえガンさん、勝負は同点にしてからゆっくり楽しみましょうや」

そんな言葉で藤田の焦りは消えて、無事に打ち取ったときが何度もあった。サインを出すときも強気一点張りだった。ある日、藤田は藤尾のサインに首を振ったときがあった。だが彼は自ら出したサインを譲ろうとせずに、何度も藤田に向かって「これだ、これだ」と指をさかんに出した。一度出したサインにあくまでこだわる姿勢が彼にはあった。

さらに藤尾には「捕手は扇の要の位置」だという考えがあった。そのためにはファイトを表して、声も大きく出してナインを引っ張らなければならないというものだった。事実、彼はチームの中では誰よりも声が大きく、元気があった。相手のベンチ前までもファウルボールを追いかけて捕りにゆく。水原は「藤尾のような選手を、本当のファイターというのかもしれないね」と記者に語っていた。

スリーアウト目の打者が相手の投手であれば、三振にとったときアウトの宣告とほとんど同時にポイっとボールを渡す仕草や、すっぽぬけた打者のバットを、頭を下げてうやうやしく祝詞《のりと》を上げる神主のように差し出して、スタンドを笑わせるときもあった。

選手たちがベンチに行けば最初に藤尾のあけすけな大きな声が聞こえた。どこへ行っても元気いっぱいであった。

監督の水原は藤尾にどのような期待をかけていたのだろうか。

三二年のシーズンの開幕前に行われた雑誌の座談会で、水原は藤尾に語った。タイトルは「打倒西鉄へのスタート」である。

〈キャッチャーにはピッチャーの補佐役もやって貰わなくちゃならんが、同時にキャッチャーには打てるということを要求しますからね。当然打って貰わなければいかんですね。大型のキャ

ッチャーということになれば、藤尾なんかその中に入るが、打てなくちゃいかン。〉

（『野球界』昭和三二年三月号）

水原は藤尾に対しては守備よりも第一に「打てる捕手」である点を望んでいたことがわかる。それが野球の近代化にも通じるものだった。これは守りを主体とした森の資質とはまったく方向性が違っていた。「打てる大型捕手」の誕生はドジャースに学んだ水原の好みに添うものであった。森はまだしばらくは陽の目を見ずに地味な努力を続けなければならなかった。

広岡達朗は水原の指導方針について語る。

「水原さんはいいものは根気よく伸ばすという性格だよね。僕らは水原さんのお陰で持ったんだけど、入って四年間はエラーはするわで大変迷惑をかけたんだけど、ずっと使ってくれました」

昭和三二年のシーズンが始まっても藤尾は相変わらず元気いっぱいだった。

藤尾はこの年はまず守備でチームに印象づけた。四月十四日の国鉄戦ダブルヘッダー第一試合では、巨人が五対〇とリードのまま迎えた九回裏国鉄最後の攻撃だった。国鉄も粘りを見せて、一点を返し、さらに二死二、三塁の場面でライト前にヒットが飛んだ。ここで三塁走者は生還し二点目、二塁走者の小松原博喜も一挙に本塁を突こうとした。ライトの坂崎一彦は、強肩のためノーバウンドで藤尾のところまで返球した。藤尾はこのとき鼻に怪我をしていて、三七度の熱と出血が止まらなかったが、試合には元気に出場していた。小松原が体を右向きに反転させ、左足で円を描きながら激しく蹴り上げるスライディングを試みた。藤尾はボールをキャッチしたままホームベース上に腰をかがめて小松原の突進を待ち受ける。小松原の左足が藤尾の両足を蹴り上げる形になって、彼の体に迫ってきた。砂埃が二人の間に舞い上がった。藤尾は一歩も引かず体で小松原の滑り込みを受け止めタッチしたが、両足を払われたので、そのまま倒れながら小松原の体にのしかかった。二人はグラウンドにもんどりうって倒れた形になり、互いの体が回転して藤尾は頭上からグラウンドに倒れた。藤尾は両足を上に向けて起き上がれない。観衆もどうなることか固唾を飲んで見守っている。そのまま衝撃のため一回転した藤尾は上半身を起すと、嬉しそうに右手を高く上げてボールを摑んでいることをアピールした。「アウト、試合終了！」であった。悲痛な表情で小松原は審判の判定を見た。藤尾の気迫が巨人のピンチを救ったのだった。報知新聞は「病める藤尾、体当たりのタッチ」と題して四枚の連続写真を載せた。

続く第二試合も藤尾は熱のため青白い顔でひきつっていたがマスクを被り、二回に本塁打を打ち、五回の二死満塁にも気力でセンター前ヒットを放った。

彼は左投手には滅法強かった。とくに国鉄の金田正一、大洋の権藤正利は彼の強烈なアッパースイングの餌食になった。

六月十一日の国鉄戦では金田が先発してきたが、初回に藤尾は内角に来たスローカーブをレフトスタンドへ推定飛距離三一〇フィートの本塁打を打っている。金田は前人未踏の四百勝投手で、投手部門の記録を総なめにして、プロ野球史上最も速い球を投げた投手とも言われる。権藤にしてもなく大洋のエースとして、防御率一位、新人王のタイトルを獲得した投手である。

藤尾は金田の印象について語る。

「だいたい僕は左投手が好きだったですね。金田さんは手首のスナップが効いて球は速かった。ただ前の打者で直球を打たれると、次の打者も同じ球で勝負をしてくるんです。そこが分かっていました」

一方で、アンダースローの投手は苦手であった。秋山登もそうだったが、南海ホークスの杉浦忠などはその最たる例だった。昭和三四年にはエース杉浦を擁する南海は巨人と日本シリーズで対決する。このとき巨人は〇勝四敗となす術もなく敗れている。杉浦は全試合に登板し、南海のすべての勝ち数である四勝を挙げたが、藤尾は一二打数二安打とほとんど当たっていない。下から浮き上がってくる球を打つには、上から叩きつけるダウンスイングが有効だが、藤尾の場合は振り上げる打ち方なので手も足も出なかったという。

この年のオールスターゲームも彼はセ・リーグ捕手部門のファン投票一位に選ばれた。藤尾の得票は一三万九九〇八票で、二位は土井淳（大洋）の四万三九一六票だから、今回も一〇万票近くの差をつけての選出であった。だが七月十三日の第二戦の二回裏に走者大下弘（西鉄）がホームにスライディングした際に、右手をスパイクされてしまった。右掌に長さ五センチ、右肘に長さ三センチの傷を負って、全治十日間の怪我になって、途中退場した。

傷も癒えてようやく復帰できたのが二十八日の中日戦のダブルヘッダーだった。第一戦は左腕のベテラン中尾碩志とバッテリーを組んで、スタメン出場したが、打撃も左腕伊奈努から四回にライト線に二塁打を打つなど三安打の大当たりだった。第二戦も二回にレフトへ二塁打、八回にレフト前へ安打と打棒も好調だった。

八月十一日の国鉄戦では疲労の色濃い川上に代わって四番を務めている。十三日の広島戦では二対二の同点で迎えた九回の裏に、広島の投手備前喜夫からレフトフェンスを直撃する二塁打を放つと、サヨナラのチャンスを迎えた。続く宮本敏雄が三遊間をゴロで抜くヒットを打つと、藤尾は快足を飛ばして三塁を回ろうとした。三塁コーチャーボックスにいた水原は、藤尾に止まれのゼスチャーを示した。レフトの守備位置は浅く、ホームを突いても完全に刺されると判断したためである。そのときだった。藤尾は水原の制止も聞かず、猛然とホームに走り出した。左翼手の緋本はボールをグラブに入れると、矢のような送球をワンバウンドで捕手小谷の前に届けた。そこに藤尾が勢いをつけて突進してきた。タイミングは完璧なアウトであった。小谷の両足を広げてがっちりとブロックする合間をぬって藤尾の左足が滑り込んでくる。両者は激しくぶつかりあった。そのときだった。小谷のミットからボールがこぼれ落ちた。巨人のサヨナラ勝ちであった。

このとき巨人は首位中日に五・五ゲーム差をつけられた三位であった。主力投手と目された別所毅彦、大友工が故障で戦列を離れたために、首位中日に何度も挑戦しては苦杯を舐めるという試合が続いていた。藤尾のファイトはその矢先だった。もっとも監督の水原は藤尾の走塁には渋い顔をした。

〈最終回の二塁走者藤尾には、三塁で止まるようにサインしたのだが、突っ込んでしまった。捕手が落としてくれたからいいようなものの、当然アウトのタイミングだった。〉

と水原は述べている。

報知新聞も〈ほめていいやら小言をいっていいやら、割り切れない幕切れとなったものだ。しかし巨人ひさびさでファイトを見せたのが、せめてもの見ものであった。〉

水原はそれでも若さいっぱいの藤尾を起用していった。十七日の阪神戦では五回にエース小山正明から左中間を抜く三塁打を打って、三塁ベースに猛烈な滑り込みを見せた。水原は下半身が泥だらけの藤尾のユニフォームを手で払って落としてやった。

三位に低迷する巨人が浮上のきっかけを摑んだのが、八月下旬からだった。この年に日本石油から入団した藤田元司（後監督）、二年目の木戸美摸《よしのり》が、それぞれ一七勝を挙げて踏ん張った。とくに藤田は終盤の抑えを任されるようになって、巨人は残り試合三〇試合を二四勝六敗、勝率八割で勝ち進んだ。八月二十一日は広島のエース長谷川良平を打ち崩して、三対一で勝った。藤尾は二塁打二本を含む三安打の猛打だった。

八月二十五日に巨人は阪神を四対一で下して待望の首位に立ったが、甲子園球場は首位争いの試合とあって、内外野にも超満員の観客がつめかけた。バックスクリーンにも二百名のファンが入ってしまい、ワイシャツの白一色となった観客席が選手に災いした。二回の表に打席に入った藤尾は正面に見える白一色の景色にとらわれて、ボールを見失った。阪神先発の渡辺省三のシュートを避けきれず、左目の下に受けてしまった。そのまま昏倒して病院に運ばれた。全治二週間の挫傷であった。

藤尾は言う。

〈不運といえば不運だったが、丁度ぼくのところでバックスクリーンが一杯になり、あッという間に渡辺省三投手のボールを顔面に喰った。あれまでは好調そのものだったので、この分でいけば今年もベストテンに入れると野心満々だったのに……〉

（『野球界』昭和三三年一月号）

この傷は意外に深く、藤尾は九月二十二日まで欠場しなければならなかった。この間にスタメンに抜擢されたのが森だった。九月三日の阪神戦では別所とバッテリーを組んで、一回に小山からレフト前に安打を打つと、四回に先制となるスリーラン本塁打を打って、投打に活躍した。外角高めの球をライトラッキーゾーンまで運ぶ当たりで、これがチームの勢いを呼び込んで、巨人は五対三で阪神に勝った。

森の活躍を周囲はこう見た。

「森はヘッド・ワークがすぐれている。捕手にいちばん大事な冷静さもひょっとすると先輩藤尾より確かかもしれない」

森はオールスター戦直後の広島戦でも第一戦が三打数二安打、第二戦が四打数二安打としぶとい打撃を見せる。藤尾のような長打はないが、打席での粘っこさは首脳陣も評価し、右投げ左打ちという特徴からヤンキースのヨギ・ベラを模倣して〈和製ヨギ・ベラ〉と呼ぶ者まで現れた。

このときも森は藤尾に次ぐ二番手捕手で十分だと考えていた。それでも守備の勉強は欠かさなかった。試合に出られずにブルペン捕手をしているときも、フェンス脇の椅子に腰かけて、試合を見学していた。ただ見るのではなかった。自分が捕手になったつもりで、投手の配球を組み立て、それを目の前で行われている試合展開と照合して、自分の頭の中で試合に即した実戦的な組み立てを考えていたのである。

この頃は情報を分析するスコアラーという職業はなかった。そのために他球団の選手の特徴は自分で集めてノートに記録した。相手球団の打者が、味方投手のどの球、どのコースを打ったか、どの球で抑えられたか、どのコースに強く、弱いか、その球種は何か、これを合宿に帰ってメモしていた。これらの集積をもとに他球団の選手の長所、短所を表にまとめた。これらの努力の成果が少しずつ活かされるようになった。

とくに広田は引退が目前に迫っていたから、森に対して惜しげもなく教えてくれた。ワンバウンドのボールは恐れずに重心を下げて、バウンドした地点をしっかり見て捕るといった技術的な面もあった。さらには味方投手の癖も知らせてくれた。

「誰それは、ボールの回転がこうなってきたら、そろそろスタミナが切れてきた頃だ。そのときは配球に注意しなければならない」

広田は日系人だったので、アメリカから最新式のミットを取り寄せていた。彼は退団するとき、森にそのミットをプレゼントした。

以後、森は藤尾が復帰するまでマスクを被り続ける。九月二十二日に藤尾が途中出場するが、さらに十月に入るまで森がスタメン出場した。十月三日の中日戦に藤尾は久々にスタメンに出て、延長十一回に内角球を詰まりながらセンター前に持ってゆき、勝ち越し点を挙げた。このときから森と藤尾は併用されるようになる。ダブルヘッダーの場合はどちらかが一試合に出るという具合であった。復帰したてのときは死球の後遺症で腰が引けてしまい、それまでカモにしていた金田正一に二三振を喫してしまった。投手が投げると、「またぶつかりはしないか」という恐怖から腰を引くようになったのである。そのため大洋秋山、広島長谷川からほとんど安打を打つことができなかった。

余談になるが十月十五日の後楽園球場で行われた阪神戦では九回に馬場正平（後のジャイアント馬場）とバッテリーを組んでいる。馬場は後に全日本プロレス入りするが、藤尾はマウンドで二メートルを超す巨体で仁王立ちする馬場に向かって、

「剛球でやっちまえ」

と励ました。緊張気味の馬場は両足を広げて、両腕をベルトに当てて、しっかりと藤尾の助言を聞いていた。馬場の長身を活かした直球は打者めがけ高いところから降りてくるので、ナチュラルなドロップを思わせ、阪神の打者はタイミングが合わず、バットを合わせるのに苦労した。馬場は一イニングを投げて失点ゼロ、三振二つを取って球場を大いに沸かせた。

十月二十一日に巨人は大洋を下して三連覇を達成する。この試合で藤尾は権藤正利から右中間へ三塁打を打って元気なところを見せた。スランプから打撃も不振になっていたが、川上に教えを乞うと、「アウトコースを引っ張らずにライトに打て」という助言をもらった。今までは外角の球を無理に引っ張って、ショートの正面に飛んでいたのが、球に逆らわないことで一、二塁間を抜くような当たりが出るようになった。

藤尾は死球欠場が祟って、規定打席には届かなかったが、

一〇五試合出場、打率二五八、本塁打八、打点三〇の成績だった。

森も入団以来最多の出場を果たした。

四二試合出場、打率二一六、本塁打一、打点一二だった。

まだまだ成績には開きがあった。

森は次年度への抱負をこう語った。

〈藤尾さんは去年負傷で休場したこともあったが、やはりぼくよりも技術的には上です。藤尾さんを目標にして学ぶべき多くの点があります。バッティングもスケールがちがう。それをいかにカバーするかが、今後のぼくの課題です。〉（『ベースボールマガジン』昭和三三年一月号）

森はこのときも思った。バッティングは自信がない、足はと言えば、チーム切っての鈍速だ。肩は、まあまあなんとかなるかもしれない。ケガは、強くなればいい。それでも、走・打・守そろった藤尾さんは、目の前に立ちはだかる巨大な壁のようで、とてもライバルにしようなどと思える存在ではなかった、と。

ようやく一軍出場の叶った森にとって、藤尾の存在はあまりにも大きかった。昭和三二年のベストナイン表彰もセ・リーグは藤尾が選ばれた。得票が一二七票で二位の土井淳（大洋）が一二票、三位の山本（阪神）が五票だから、向かうところ敵なしだった。

巨人は三連覇したものの、選手の世代交代の時期にさしかかっていた。とくにベテラン選手の衰えが見られ、四番川上は打率二八四、本塁打五、打点五二と往年の姿は見られなくなったし、千葉茂もすでに引退していた。投手の別所毅彦も一四勝、大友工も五勝と衰えたので、チームは新たなスターを必要としていた。日本シリーズは三五勝をマークした稲尾のいる西鉄ライオンズとまたしても対決したが、戦力の差は覆いがたく、巨人は一勝もできず四勝〇敗一分で敗れた。

やがて巨人の窮状を救うかのような大スターが誕生する。この年の十二月七日に入団した立教大学のヒーロー長嶋茂雄である。長嶋は新人の年から四番を打ち、以後巨人の大スターとしての道を歩み始める。

そして昭和三三年のシーズンが始まった。藤尾はこう抱負を述べた。

「第一にケガをしないことだ。南海の野村君が三割以上打って、捕手でも三割を打てることを証明した。ぼくはそこまで自信はないが、せめて二割八分を打ちたい」

パ・リーグのベストナイン捕手の野村克也は打率三〇二、本塁打三〇本、打点九四で本塁打王に選ばれていた。野村の活躍に発奮されたのか、藤尾は捕手というポジションにこだわりを見せ、「バッター専門に転向などという話も聞いたが、ぼくはやはり捕手というポジションが好きだ」と語っている。藤尾の長打力を活かすために、首脳陣の間では、疲労の激しい捕手から野手にコンバートして、打撃に専念してもらおうという考えがあったからである。

7　長嶋入団

昭和三三年のシーズンは開幕戦で国鉄スワローズとの対戦から始まった。この試合は後世に残るように、長嶋茂雄がエース金田の前に四打席四三振を喫したことで有名となった。藤尾は開幕から正捕手として出場を続け、七番を打った。

五月三日の広島戦では四回に三遊間を抜ける安打、六回に左中間を深々と破る二塁打、七回には三塁に長嶋を置いて広島を突き放すレフト線へのタイムリー二塁打を打った。これで占めて三安打の猛打賞で、巨人が七対四で勝った。藤尾は四月二十三日の大洋戦から九試合連続安打と打撃も好調だった。一日置いた五日の広島戦でも六回にエース長谷川から二塁の頭を抜く同点打、八回には走者二、三塁で外角球を逆らわずに振りぬくと、打球はライナーで右翼手の頭上を軽々と越えていった。藤尾のバットは、他の選手よりも一回り長かったので、きれいにミートすると打球がよく跳ねた。これに持ち前の馬力が加わったので、外野の頭を抜くのは簡単だった。打球はフェンス直撃だった。

二人の走者が次々と生還し、巨人は六対四で逆転勝ちした。去年までは苦手としていた長谷川だったが、川上の助言が効いていた。外角球を引っ張らないで、ライト方面へ打つということである。藤尾は川上の言葉を信じて、キャンプ中からライト打ちを意識して行うようになっていた。ふつうならば流し打ちは力のない打球が飛ぶが、藤尾の打球は力強さがあった。投球から逃げないで、振り切った打ち方をしたためである。

このとき藤尾の打撃成績はベストテン三位、南海野村と日本一の捕手を争うと評されていた。スポーツニッポンは藤尾を「近いぞ〝日本一の捕手〟」と題して記事を書いた。

これまでのプロ野球は名捕手の人材に乏しいことを嘆いていたが、その中で代表的な捕手が阪神の徳網であり、巨人の広田であった。だがここにも物足りなさがあった。そこで出てきたのが藤尾だったのである。新聞記事はその理由を書く。

〈だがプロ野球界がのぞんだ捕手の最大条件は〝打つ〟ことにあったのだ。当時（筆者注：昭和三一年）の藤尾は馬力にまかせた〝ガムシャラ〟ともいえるバッティングで打ちまくった。もちろんそうしたバッティングの欠点である荒さは多分にあったが、そのなかに長距離打者としての素質を秘めていた。水原監督も彼の成長に多大の期待を寄せていたものだ。〉

その素質が開花したルーツを、「スポーツニッポン」は野球の本場アメリカにあると書いている。昭和二八年の入団早々の中南米遠征で、新人離れした豪快な打力を見せて、外国人選手の度肝を抜いた点と、三一年オフのドジャースでのキャンプ参加である。藤尾の打撃は本場アメリカで芽ばえたとまで述べている。さらに誰よりも早く打者に囁《ささや》くという戦術を使っていたことを述べている。後に南海の野村が囁き戦術を常套手段として使って、打者の心理を惑わし、凡退させることに成功したが、藤尾は野村の前にすでに行っていたことが窺える。三三年を最後に引退することになる川上は「外角球に腰がついてゆくのは藤尾くらいのものだ」と語り、「次の四番打者は藤尾だ」と名前を挙げていた。そして『スポーツニッポン』はこう結ぶ。

〈捕手としての日本一のレッテルがはられるのも、現在のバッティングがはっきり自分のもの

になったときだ〉

この当時のプロ野球界が求める捕手の条件に、投手の球を受けるだけのカベではなく、打てる大型捕手を待ち望んでいたことがわかる。それはメジャーリーガーをモデルとする近代的な捕手の姿でもあった。藤尾はその願望を満たすタイプの選手であった。

投手の安原も「元ホークスの城島健司以上です。彼は足が速くない。藤尾さんはホームランバッターで肩はいい、足は速いときているから、逆に城島が藤尾さんに似ているということです」と語っている。

この年の巨人は開幕戦で国鉄に敗れ、四連敗を続けたが、五月に入ると五連勝して上昇機運に乗り、十八日には待望の首位に立った。長嶋も初めこそ四三振を喫したが、プロの投手に慣れるにしたがって、猛烈に打ち始め、五月十四日の阪神戦では四安打の固め打ちをするほどだった。

藤尾は長嶋の印象について語っている。

「長嶋が入ってきたときは凄かった。守備だと〝カーン〟とボールがバットに当たって、打球が来てという二動作で動きますね。彼はカーンの『カ』のところでバットに当たった一動作でスタートを起す。だから人がファインプレーで捕る打球が、長嶋だと平然と捕るからファインプレーに見えない。これは凄かったわ。肩も強い、足も速い、バッティングも凄い」

堀内庄は言う。

「長嶋が入ってきたときも、体のキレがよくてびっくりしましたが、それに匹敵するものを藤尾さんは持っていた。森に負けているとはぜんぜん思いませんでしたね。当時捕手であれば彼の右に出るものはいないスーパースターでしたからね」

六月三日の阪神戦では藤尾は三打数三安打の猛打を見せつけ、盗塁もした。かと思えば長嶋のように、同じ阪神戦でエース小山に全打席全三振（三打数三三振）にもなっている。

そんなとき前年に続いて再び死球を左後頭部に受けてしまった。六月下旬の広島戦で備前投手からぶつけられたのである。後遺症で右腕が痺れるようになって、盗塁も許すようになったが、打撃で投手を怖がることはなかった。

七月十一日の大洋権藤からは満塁のチャンスに走者一掃のライト線への二塁打を打った。

このときの打撃成績は二八七で第五位、巨人では与那嶺（三位）、長嶋（四位）に次ぐものだった。巨人は投手陣が弱体と言われていたが、それでも善戦しているのは藤尾が彼らを巧妙にリードして、率いているからだと評価されていた。その中で彼の喜びは、投手が最後の打者を三振させてゲームセットになった瞬間だった。そのとき藤尾はウイニングボールを思い切りスタンドに放り込んで喜びを表していた。この年のオールスターゲームもセ・リーグの捕手部門で最高得票を集めて、ファン投票で選ばれた。

巨人は後半戦も首位をキープした。藤田元司が二九勝を挙げる働きを見せて投手陣を引っ張れば、新人の長嶋が打率三〇五、本塁打二九本、打点九二の活躍で、本塁打、打点のタイトルを獲得する。藤尾も八月十六日の阪神戦では小山から二―三のフルカウントから外角球をライトへ打った。打球は伸びて三五〇フィート（一〇七メートル）の本塁打になった。彼は完全に外角球の打ち方を習得した。八月二十八日の中日戦も巨人の打撃は凄まじいものだった。ここまで一六勝を挙げていた中日大矢根から長嶋は二四号、二五号の連続本塁打で一人で打点六を叩き出した。藤尾も負けてはいなかった。二回に安打、三回には走者二、三塁で右中間をきれいに破る2点三塁打、六回にはレフトへ本塁打と打点三を稼いだ。

九月に入ると、優勝の行方も確かなものになったが、藤尾は九月七日の阪神線でファウルチップを右薬指に当ててしまい、脱臼となって、しばらく試合に出ることができなかった。森が再びマスクを被る。九月十日にはスタメンで出場し、四打数二安打、そのうち一本は八回にライト前に落ちたタイムリーのテキサスヒットだった。これが巨人の決勝点になった。しかも森のプレーで冴えたのが九回無死一塁で代打並木の捕手への守備妨害を上手くアピールしてアウトにした点だった。ここで巨人はピンチを逃れることができた。

球団社長の品川主計は「森はベンチに置いておくにはもったいない選手、藤尾と併用させたらどうだ」とまで言うようになっていた。森はあくまで控え捕手に過ぎず、藤尾が怪我をしなければ出番は回ってこない。だがいったん出場すると頭脳的な光ったプレーをする。森の成長が後の藤尾の選手生活に大きな影響を及ぼすことになる。

復帰した藤尾は元気いっぱいだった。九月二十一日の阪神戦では遊撃左への内野安打、レフトへの本塁打、センターへの犠牲フライトと巨人の得点にすべて絡む活躍だった。

巨人は十月二日に二位阪神が敗れたため、四年連続の優勝を決めたが、投手では藤田の活躍が大きく、MVPに選ばれた。二位とのゲーム差は五・五で、チームも長嶋など若手選手主体に切り替わったのが功を奏した。

藤尾は、
一一五試合出場、打率二八三、本塁打一一、打点五八の成績を残した。

打率はセ・リーグ五位、打点もリーグ五位と立派なものだった。捕手でありながら盗塁も一四個記録している。

対する森は、
三〇試合出場、打率二九七、本塁打一、打点六であった。

この年のベストナインは巨人から捕手藤尾、一塁手・川上、三塁手・長嶋、外野手・与那嶺と四人が選ばれた。藤尾は投票総数一五三のうち、一四九票を占め、二位の大洋土井淳の四票に大きく差をつけた独走だった。

そして日本シリーズは三度西鉄との対戦となった。巨人は過去二度の敗戦から、雪辱に燃えて、一気に三連勝して王手をかけた。第一戦は西鉄のエース稲尾を打ち崩し、九対二の圧勝、三番与那嶺、四番長嶋、五番藤尾のクリーンアップは破壊力抜群だった。長嶋は三塁打、本塁打の大当たり、藤尾もレフトへの二塁打、レフトへの安打を打った。

第二戦も島原幸雄、畑隆幸を打って初回に七点を先制する。これで巨人は波に乗り、堀内が三点に抑える完投勝利で、巨人は楽々と二勝目を挙げた。この試合で藤尾は満塁のチャンスに、左腕の畑からきれいにセンター前へ抜ける安打を打って、二者が生還した。これで三点目となったが、藤尾の一撃が西鉄の息の根を止めたと言われた。

第三戦は一転して藤田、稲尾の投手戦となったが、三回に広岡がライト線に三塁打を打って一点を挙げた。だが両者ともに後続の得点を許さず、藤田は被安打四、奪三振七、稲尾は被安打三、奪三振四の好投で締まった試合が続く。結局巨人が一点を守りきってシリーズ三勝目を挙げた。このときまで藤田と藤尾のバッテリーはシュートを主体に内角を攻めるという作戦が成功していた。このとき誰もが巨人の優勝を疑わず、MVPは広岡という声も囁かれていたのだが、勝利の女神は微笑んでくれなかった。

第四戦は五回に豊田泰光の本塁打で六対四と西鉄の逆転勝ち、第五戦は三対二の巨人リードで迎えた九回裏に西鉄は小淵の二塁打を足がかりに土壇場で同点に追いつくと、延長十回裏に投手稲尾自らがサヨナラ本塁打を打って、四対三の逆転勝ち。第六戦は失策に助けられて西鉄が二点を取ると稲尾が完封勝利。藤尾一人がセンター前安打、三塁強襲の安打など二安打を打って、気を吐いたが得点に結びつかなかった。これで西鉄は三勝三敗とタイに持ち込み、第七戦を迎えたが、ここでも稲尾に抑えられ、一対六と敗れ、またしても巨人の優勝はならなかったのである。西鉄ライオンズは三連敗の後の四連勝で奇跡の日本一と語り伝えられた。この試合を最後に川上哲治は巨人のユニフォームを脱ぐことになった。

この直後、巨人の球団社長の品川主計は週刊誌に、第三期黄金時代の各ポジションの構想を述べている。捕手のところでは、〈今シーズンなど藤尾の蔭にかくれて、森はほとんど出場のチャンスがなかったが、インサイドワークもよく、しかも左打者で鋭い打棒をもつ森が正捕手となり、藤尾は川上が引退したら一塁へ入って、クリン・アップ・トリオを形成させてはという考えが、誰の頭にもあるようだ。〉とある。

実際品川は来年の構想として「藤尾の打力を活かして外野にコンバートし、リードのうまい森を正捕手の座にすえたい」とも語った。

事実このコメントは信憑性を帯びてくるようになる。

8　コンバート

藤尾の外野へのコンバートが新聞や週刊誌で噂されるようになったとき、彼自身はこう答えた。このとき藤尾は球団幹部から正式にコンバートを打診されたことはなく、報道だけが先走りしていた。

「僕がいちばん知りたいのは、監督さんの意向です。間接的にきいた話では、水原さんは〝それは藤尾自身の自由意志で決める〟という意見だそうです。ぼくのこの問題に対する考えは、絶対外野に転じたくはないということです。ぼくは捕手の座に愛着をもち、これからも恥ずかしくないプレーができる自信をもっている。森が正捕手になりたいなら、実力でぼくを蹴落としてもらいたいと思う」

森の技術に対しても彼は述べた。

「品川さんは森のリードのよさを褒めておられたが、キャッチャーのインサイドワークがどうのこうのといっても、しょせんはピッチャー次第で評価されるものだとぼくは思う」

事実、日本一となった西鉄ライオンズの三原脩監督は『野球界』(昭和三三年十二月号)の「三原監督の選んだ日本最強チーム」という企画で、捕手部門には藤尾を選んでいる。強打の野村克也を押しのけて、彼が三原の目に止まっていたのである。〝日本一の名捕手〟という呼び名も得ていたときだった。このときのプロ野球は藤尾はパ・リーグの野村とどちらが優れているかの論議がなされていたのである。とくに藤尾のバント処理の上手さは水際立つものがあった。それはスローイングの適確さだった。肩そのものは、野村と大差がないが、的確さにおいては、完全に藤尾がまさっているというのが衆目の一致した見方であった。

肩だけでなく、動きもすばやかったので、バント戦法を多用した阪神タイガースは悉く藤尾の前に失敗した。

〈現在のところでは、守備面と回転力では藤尾、打撃では野村、綜合力では互角とみたいが、問題は二人のうち、どちらも伸びるためには、名コーチが必要である〉

（『野球界』昭和三三年十二月号）

と記され、二人が甲乙つけがたい名捕手であることが書かれてある。

藤尾とバッテリーを組んだ堀内庄は語る。

「今のような時代だったらメジャーでも十分通用したと思います。今一番パワーもあって、すべて整っているのはソフトバンクの城島だと言われますけど、藤尾さんはもっとスケールが大きかった気がします。城島みたいにボールを打ったり、ヤマ勘で打つことはなかった。体も大きいし、スケールも凄いものだった」

森のほうが、藤尾よりもインサイドワークに優れているといわれ、「打力の藤尾、守備の森」と形容されてもいた。だが藤尾はレギュラーとなって三年目の三三年には、インサイドワークにも格段の進歩を示すようになった。打力だけの藤尾ではなかった。そのため、「藤尾の外野転向など、考えるのは愚作でもある」とまで論じた雑誌もあった。

実際、藤尾と組んだ投手たちは森に比べてリードは劣っていなかったと語っている。違いがあるとすれば、二人の性格の差であった。堀内も言う。

「森は堅実で用心深いんですよ。相手打者には四球勝負で、二―二から勝負していました。ストライクが先行しても、すぐに勝負しないで、ボール球で誘うわけです。藤尾さんは、ツーストライクを取ったら一気に勝負にいくという考えでした」

この年（三三年）に一四勝を挙げた安原達佳も言っている。

「インサイドワークは森が優れていたと言われていましたが、要は勝たなければ駄目なわけです。私は藤尾さんに助けてもらって一軍で勝てる投手になりました。インサイドワークが悪かったら投手は育ちません。決して藤尾さんのリードは悪くなかった」

水原は当時コンバートについて語った。

「日本一の捕手といわれた彼が外野に移って、すぐ日本一の外野手になれるだろうか。藤尾を外野にして打力を活かすことは面白いプランといえる」

水原はドジャースへの留学以来、ツープラトンシステム（著者注・右、左投手ごとに打線を二とおり用意すること）の導入を考えていた。右打者と左打者を相手投手の右、左によって変えてゆくという方法である。右投手の場合は左打者を出し、左投手の場合は右打者を出す。その考えもあった。藤尾は右、森は左打者である。それから守備でも選手はひとつのポジションに固定せずに、必要とあらば外野でも内野でもこなすというシステムでもあった。打力のある藤尾を捕手だけではなく、外野にも生かして、活用できないかという目論見でもある。

一方で巨人の宇野庄治代表は「藤尾が外野手になったら捕手が森だけになって、すこぶる心もないではないか」というコメントを出した。

藤尾の周りでは多くの報道陣がコンバートを取沙汰したが、とくに改まった打診はなかった。そんな状況で年が暮れ、昭和三四年を迎えた。この当時の巨人の主力選手は、正月になると監督の水原の自宅に年賀のための挨拶に行くことになっていた。

一月二日に藤尾が水原の許に行くと、彼は「まあ上がれや」と手招きして応接室に通してくれた。すでに選手たちも何人か集まっていて、お屠蘇《とそ》も振る舞われ家は賑やかだった。藤尾も選手たちの輪に入って和やかに談笑していると、水原が近寄ってきて、「ちょっと話があるんや」と囁いた。藤尾は選手たちが集まっている部屋の隣にある別室に通された。

そこにこの年からヘッドコーチを務める川上もいた。

水原は、怪訝な顔をして椅子に座っている藤尾に単刀直入に切り出した。

「来年の構想だがな。お前は外野手や」

「ちょっと待ってください。私はそんな器用な人間やないですよ」

藤尾は耳にしていた噂ではあったが、正式に断ろうとした。水原はしばらく間を置くと、静かに話しかけた。

「お前はニューヨークヤンキースのヨギ・ベラを知っているか」

「知っています」

ヨギ・ベラは、ジョー・ディマジオ、ミッキー・マントルとともに黄金時代のヤンキースの名捕手としてMVPに三回輝き、三五八本塁打を打った伝説の選手だった。

「彼は捕手の他にセンターもやってみたりしているんだ。お前も知っているようにうちの外野手を見てみろ。左ばっかりやろ。右打者がいるんや」

川上が引退して、一塁には穴が空いた。そこへ外野手の与那嶺をコンバートさせると、レフトは左投げ左打ちの坂崎、ライトも左投げ左打ちの国松となり、すべてが左になってしまう。左右のバランスを考え、右投げ右打ちの藤尾が必要だった。しかも彼は強肩で足もある。センターには打ってつけの選手だった。守備面でも捕手に比べると負担は軽い。思い切りバッティングに専念してもらおうと水原は考えた。ヤンキースの監督ステンゲルが強打の捕手ヨギ・ベラをときどき外野へ回していることも根拠のひとつとなった。

藤尾は「困った」と思った。入団して三年目にようやく先輩の広田を追い抜いて捕手の座を摑み、レギュラーとなって三年が経ったばかりだった。オールスターにも選ばれ、三年連続ベストナインにも輝いた。課題のインサイドワークも格段に進歩し、今では押しも押されもせぬ日本を代表する捕手になった。外野手になれば捕手よりも肉体的にも精神的にも楽になることはわかっている。だが彼は捕手で汗まみれにやっているから打率を稼ぐことができると考えていたのである。

それでも水原も川上も藤尾を説得した。彼は渋々承諾するしかなかった。

藤尾は当時を回顧する。

「困ったというより、今から見たら選手生活の岐路でしたね。監督から言われたら受けざるを得ませんからね。そのへんから下降線を辿っていったように思います」

藤尾の外野手へのコンバートは決まった。ポジションはセンターだった。彼を思い切って外野に回すことができたのは、森の成長もあった。確かにこの年は、三〇試合の出場に過ぎなかったが、一九安打のうち二塁打を六本打っており、長打率は四割を軽く越していた。左打ちの打撃も、球に逆らわず左中間へジャストミートするのが上手かった。

昭和三八年に沢村賞を取った左腕のエース伊藤芳明は言う。

「森君が藤尾さんの後ろに迫ってきたから、水原監督も思い切って外野へコンバートできたんだと思います。しかも森君は左打者で、当時では左打ちは珍しかった。打線に左打者を組み込ませたいという考えもあったと思います。肩の強さ、足の速さは藤尾さんに適わないにしても、スローイングもまあいい、肩も鉄砲肩ではないけど、悪くはない。打率はたいしたことはないけど、ここ一番にしぶとさがあった。そういうことだったと思います」

コンバートは藤尾が選手としてすべてが揃いすぎていたために、もっと彼の肩や足や打撃を活かそうと取られた方針であった。捕手として失敗したわけではなく、守備のセンターラインを強化するために考えられたものだった。

伊藤はこうも言う。

「今で言う元ホークスの城島が外野に行くようなものです。捕手として確固たる地位を築いていましたから。あれで足がふつうだったらセンターへは行かなかった。足がふつうであれば良かったんです。今の時代であれば選手の層が厚くなっているからそう簡単に外野へは回せない。あの当時は選手層も薄かったから、ポジションを簡単に替えた。その煽《あお》りで藤尾さんはポジションを替わった。ずっと捕手をやっていれば、記録の面でも、華々しい記憶もありますから、もっと野球界に名を成した人だと思いますね」

伊藤は「自分の大事なポジションを明け渡したことは、悔やんでも悔やみきれないでしょう」と結んだ。

もう一つ、藤尾と森の違いを語るうえで、周囲に与える印象というものがあった。それは藤尾の〝捕手は女房役〟という彼の姿勢に起因する。つまりこうである。当時のプロ野球の解説者は今ほどには多くなく、またレベルもそれほど高くなかった。それにテレビではなく、ラジオ中継が全盛だった。

藤尾が捕手をしていたとき、投手が本塁打を打たれたときがあった。彼は投手を庇《かば》うタイプの捕手だったから、自分のサインが悪くて打たれてしまったのだというふうな姿勢を取った。打たれた投手に向かって、右手を大きく伸ばして「スマン、スマン」という大きなゼスチャーをした。

「藤尾さんは一本気でよく投手をひっぱり、女房役の人だった。打たれるといつも自分が悪いというふうに庇ってくれた」

とある投手は言う。もっとも藤尾は怒るときは怒ってもいた。そのときはグラウンドで叱るのではなく、ベンチに戻ってから「今の球は力がなかったぞ、甘かったぞ！　もっと低めに来いよ！」と言うのだった。

森の場合は、投手が打たれても、マウンドまで行かずにホームベース上で首を傾げていた。

「打たれたのはサインどおりに投手が投げなかった」

という仕草に周囲は感じた。このまったく対照的な動作が、放送席に与える印象は違った。ある主力投手は言う。

「ラジオ中継が全盛ですから、小西得郎さんたちがしゃべっているわけです。評論家に今のように野球を会得している人は少なかった。だから捕手のゼスチャーで判断するわけです。私は藤尾さんのインサイドワークが決して単純じゃなかったという気がします。藤尾さんのゼスチャーは〝打たれたら自分が悪いんだ〟という考えが自然に出たんだと思います。これが誤解を招いて、打たれたのは捕手のミスと間違って取られたんじゃないか」

一月も半ばになると自主トレーニングが始まった。このとき藤尾のグラブはキャッチャーミットから外野手用のグラブに替わっていた。藤尾は外野手と捕手を兼ねて、与那嶺が外野から一塁へ移った。このときは藤尾は外野手専任ではなく、水原のコメントによれば、「藤尾を外野手に定着させたい気持ちは強いが、それも森、竹下らの捕手の成長次第だ。当分かけ持ちで忙しく走り回ってもらう」となっている。掛け持ちの比重は捕手に七分、外野手に三分の割合だったらしい。

宮崎キャンプでは外野守備に打ち込んだ藤尾は、紅白戦になるとさっそく力を発揮した。ノックもチームで一番多く受けて、誰よりも声を出した成果だった。宮崎県営球場で絶大な人気を呼んでいるのが長嶋と藤尾の二人だった。走者一塁でライトの藤尾の前に安打がゆくと、打球を捕った彼は糸を引いたような送球で三塁へ一直線に投げた。強肩ぶりに観衆からどよめきが起こった。これでは一塁走者は三塁まで進むことはできなかった。宮崎キャンプのファンたちは藤尾の矢のような送球を見たがって、彼の前に打球が飛ぶことを願った。打撃にしても、与那嶺、坂崎とともに連日二時間の打撃練習を行った。

三月に入ってオープン戦が始まると、五番センターで出場したかと思うと、翌日の試合ではスタメンのマスクを被った。双方の守備でも藤尾はきちんと二安打以上を打ち、首脳陣の期待に応えていた。藤尾は記者団に答えている。

「外野と捕手のどちらがやりいいかということですか？　やりたいといえば文句なくキャッチャーです。でも広い外野からノンビリとバックネットのほうを見ていると、これまでマスクの中では見られなかった小さな点がよく目につきますよ。いい勉強になりますよ」

雑誌『野球界』（昭和三四年三月号）で行われた座談会でもこう語っている。記者から「バッティングを活かすには外野のほうがいいのではないか」と質問を受けての答えである。

〈それは外野に廻った場合、身体がらくになるということは目に見えて言えることですね。だけどどういうんですかねぼくの性質として、キャッチャーで、いつも気が張っているでしょう。外野に廻ってある程度息が抜けると、それがバッティングにどういう結果になって現れて来るかという事は疑問なんです。やっぱりぼくは苦労して苦労して、やったほうがいい男なんですよ。外野の守備でもやっぱり一年以上はかかりますよ。〉

こうも述べている。

〈……森君がケガした場合どうなるんですか。ぼくが外野からキャッチャーに帰って来るという結果になるでしょう。それが両立したら一番いいんでしょうけど、一つのポジションでもなかなか容易にこなせないのに、二つのポジションをこなすということは、とてもぼくにはできないと思いますよ。〉

捕手というポジションに未練と執着を持っていたものの、藤尾は元気だった。オープン戦ではこの年に早稲田実業から入団した王貞治や四番打者長嶋茂雄よりも注目された。打撃も好調で、「長嶋を三番にして、藤尾を四番にしたらどうか」という声も上がった。広岡、長嶋、藤尾でクリーンアップ・トリオを組んで、彼らが次代の巨人を担う大スターだと目されてもいた。三月二十日に大阪球場で行われた試合で藤尾は打球を追ってフェンスにぶつかって負傷してしまい、首脳陣を心配させてしまった。しばらくの欠場はあったものの開幕日には元気に回復してみせた。

昭和三四年のペナントレースは四月十一日に始まった。巨人は国鉄との対戦だったが、藤尾は外野手ではなく捕手としてスタメン出場した。三番広岡、四番長嶋、五番藤尾のクリーンアップである。国鉄の先発は金田正一であった。試合は五回に動いた。藤尾は五回に金田の低めにホップする直球を腰を入れて振りぬくと、打球は金田の頭上高くライナーで飛んだ。金田が後方を振り向くと、打球は一気に加速して、センターの鵜飼がフェンスいっぱいまで下がっている。両手を力なく上げた鵜飼の上を通過して、スタンドに入る本塁打となった。打たれた瞬間、金田は「俺の負けだ」とばかりに捕手の根来に向かって苦笑した。七回には四番長嶋も藤尾と同じセンターへ本塁打を飛ばした。

金田は言う。

「彼らは打つ気で打席へ入ったんだから、打たれて当たり前なんですよ。決してぼくが悪いんじゃない。長嶋君には一—三だし、塁へ出すと走りまわってうるさいからなんとかしようと思ったんだ。藤尾のは完全にぼくの負け。牛耳ろうとした球（二—一後）を打たれてしまった。両方とも直球だ」

金田は四番長嶋、五番藤尾に本塁打を打たれたものの、一一もの三振を奪う力投で、三対二で国鉄が勝った。三四年の藤尾は出だしから快調だった。翌十二日の開幕第二戦では試合前に監督の水原に向かって外野手のグラブを叩いて見せた。

「監督さん、これですか？　これでいきましょう」

センターで出たいと言うのだ。願い叶って五番センターで登場すると、国鉄三対〇のリードで迎えた六回の裏だった。四番長嶋が四球で歩くと、藤尾は国鉄田所の初球を振りぬいた。打球の行方を見上げながら、藤尾がゆっくりと一歩を踏み出す。バットはグラウンドに放り投げられ、捕手も立ち上がってセンター方向を見る。審判も顔を上げてバックスクリーンを見つめている。巨人ベンチのナインと観衆があまりの当たりの鋭さに息をのんで見上げた瞬間だった。打球は右中間へ一直線に伸びて三八〇フィート（一一六メートル）のスタンドまで飛んだ。観客席でボールが大きく一度跳ね上がった。このとき球場全体が一瞬静まり返った。一点差に追い上げるツーランホーマーだった。

打球はスコアボードの右手のスタンドに消えたが、一塁走者長嶋がダイヤモンドを回って生還する。打った藤尾が悠々とベースを回る。球場では嵐のような歓声と拍手で、ベンチからも選手たちが飛び出してきた。熱狂した二人のファンがベンチの屋根まで出てきて巨人軍の応援旗を大きく振った。これで二対三と一点差まで追い上げた。

藤尾は「まっすぐの球でした。いい球でしたよ。川上さんにいい球を見逃すようなのはいい打者ではない、と言われたばかりですから、そのつもりで打ったらホームランでした」とコメントを残した。彼がバットを振り終わって凛々しい顔で打球をゆっくりと見上げる姿は男性的で魅力にあふれ、自信に満ちた力感に溢れていた。そこに巨人のスター選手としての誇りが垣間見えた。

水原は藤尾の活躍について、「藤尾が好調だから、これで長嶋を敬遠しても藤尾で勝負ということができなくなったから、相手チームはつらいだろう」と語った。

このとき四番長嶋、五番藤尾は巨人の強力な打撃陣の中核だった。八回には長嶋がライト線いっぱいに狙って打つと二塁打になり、藤尾もセンター左を襲う安打で巨人が逆転して、試合に勝った。藤尾はツーラン、逆転打という活躍だった。

観衆は苦味のある藤尾の顔を見て「ニッコリ笑え」と声をかけた。彼は照れ臭そうに帽子に手をやると、そのままベンチに戻って、水道の蛇口に口をつけて水を飲んだ。

さらに彼の打棒は止まるところを知らない。十四日の中日戦では一回に長嶋四球の後の満塁で藤尾がセンター前に安打を打って二点を入れた。六回には長嶋左中間三塁打の後に、藤尾がレフト前に持ってゆき、また一点を追加した。この日の藤尾は三打点を挙げた。

報知新聞も〈相変わらず長嶋、藤尾の打撃で点を稼いでいる巨人だった〉と記した。

翌十五日の中日戦でも四回に高めの直球をライナーでレフトスタンドまで持っていった。もはや手がつけられない暴れん坊ぶりだった。早くも三号本塁打を打ち、興奮したファンが巨人ベンチの上まで巨人軍の旗を持って飛び出した。ナインも次々とベンチから出て藤尾を迎える。生還する藤尾を真っ先に迎えたのは正捕手になったばかりの森だった。

「藤尾さん、凄いですね」

森は選手の中で一番嬉しそうに微笑んで藤尾に握手を求めると、藤尾は直立不動の姿勢になって右手を差し出した。藤尾は握手をしたときに深々と森に一礼までする余裕を見せた。

藤尾は今でも活躍した思い出を、この年の開幕から本塁打を量産したことを挙げている。対戦予定の阪神は「相手は長嶋と藤尾だけだ。二人には内角は投げるな。外角球で勝負しろ。いまの二人を抑えるにはこれ以外にない」とミーティングではそんな方法が飛び交った。このときの藤尾の成績は一七打数八安打、本塁打三、打点九、打率四七一という凄まじい内容だった。昨年に比べて苦手だった外角低めをファウルできるようになった点と、打球が強くなったことが進歩の跡だった。

評論家の浜崎真二は言う。

〈川上が現役を退いた現在、巨人の再建は、広岡と藤尾が果すべきであり、長嶋に期待を掛けるべきではない。巨人に長くいる彼らがチームを牽引して行くのが当然だ〉

（『週刊野球』昭和三四年五月十三日号）

週刊誌も〈藤尾選手の動作の一つ一つには、あふれるばかりの斗志がある。これが藤尾を愛する人びとにとっては、何ものにも変えがたい魅力の一つである〉と書いたりもした。

一時当たりが止まったが、札幌で行われた六月三日の広島戦を迎える頃には、藤尾は元気になっていた。ダブルヘッダーの第一戦は、三番藤尾、四番長嶋、五番坂崎一彦の布陣で広島に対したが、藤尾は三回にレフト線へ二塁打を打つなど三打数二安打一打点の活躍で巨人が三対一で勝った。第二戦は三番広岡、四番藤尾、五番長嶋という布陣で臨んだが、藤尾は一回にセンターオーバーの二塁打で一点を挙げて、六回には広岡の二塁打の後、広島先発の井投手から真ん中に入ったカーブを見逃さず、腰を引きつけて強振すると、左中間のもっとも深い一〇〇メートルのスタンドへ飛び込むツーランホーマーとなった。打たれた瞬間、井はあまりの打球の速さに苦笑すら浮かべていた。四打数二安打三打点の活躍で、巨人は第二戦も四対〇で勝った。

六月七日の国鉄戦ではレフト線いっぱいに打つと、ライナーで直接フェンスにあたる当たりとなって、二塁走者広岡、一塁走者与那嶺をかえす二塁打となった。六月九日の阪神戦は阪神村山、巨人安原の先発となり、初回から村山はザトペック投法と異名をとるほどの全力投球で快調に打者を打ち取ってゆく。とくに低めの直球に伸びがあって、六回まで巨人打線を〇点に抑えた。安原もシュートを内角に投げ、外角にスライダーで散らすという丁寧な投球で阪神打線に向かった。〇対〇の引き締まった投手戦が続いていたが、均衡が破れたのは七回の裏だった。巨人は二番与那嶺が遊撃手の右を抜く安打で一塁へ出塁する。一点が勝負を決める試合となって、打席には三番藤尾が入った。これまで藤尾は村山に打ち取られて安打を打っていない。初回には三振も喫している。ヘッドコーチの川上は藤尾を呼んでこう諭した。

「いいか、地面を叩くつもりで思い切り打ち下ろすんだ」

その言葉が頭に残っていた。三塁コーチャースボックスの水原を見ると、意に反してサインはバントだった。初回から全力投球を続けていた村山も渾身の球を放って踏ん張ろうとする。一球目は低めに伸びる直球だった。バントを試みたが、バットには当たらず空を切った。ワンストライクである。続く二球目は低めいっぱいのドロップだった。藤尾はやっとのことでボールに当てたが、またしてもバント失敗でファウルとなった。カウントは二—〇となった。ここで村山はウエストボールを投げて一塁走者の与那嶺を牽制しようと考えた。捕手の山本もウエストさせて一塁に投げて、飛び出した与那嶺を刺そうと考えていた。そのつもりが村山の投げたボールは外角高めのストライクゾーンに来てしまった。明らかに失投であった。シュートのかけそこないだった。

このとき捕手の山本はこう悔やんだという。

「外角ぎりぎりの高さで入ってしまった。あと一〇センチ……もう一〇センチ高ければ……」

このところ打棒好調で自信満々の藤尾が見逃す筈はなかった。獣が獲物を狙うように即座に反応すると、バットはボールを真芯で捉え、高々とライトに打ち上げていた。その瞬間与那嶺は二塁ベースを回った地点で大きく飛び上がった。文句なしの決勝ツーランだった。村山にとっては一〇二球目、痛恨の失投だった。村山はマウンド上で両膝に手を置いてうなだれた。

「球の回転がはっきり見えた。コースは真ん中からやや外角寄り、ベルトのへんで打ってくださいといわんばかりだった。いつもより腰をためて打った。二―〇だから当然はずしてくるだろうと思っていたんだがね」

と藤尾は証言している。

「もちろんウエストのサインが出ていました。遠くはずすつもりが外角ギリギリに入ってしまった。あれ一本で負けたのだから残念です」

打たれた村山は言っている。打たれた瞬間、村山は打球を目で追うこともせず、ずっと下を向いたまま藤尾の生還を見送っていた。評論家の浜崎真二は、村山の失投について、〈それも藤尾はこのところ調子をもどしている。悪いときでもまともに当たれば一発たたきこむ力をもっている。どうみても二―〇からの三球目は〝思いきって〟はずすべきだった。そのうえでカーブかストレートを外角低めへ決めたらよかった。そうしていたら藤尾は打てなかったろう〉（報知新聞）と述べている。「たった一球で涙」と浜崎は評した。

藤尾のコンバートによって捕手の座に座った森は三〇試合を経過した時点で、盗塁を三二個許しており、刺したのは一五個に過ぎず、盗塁阻止率は〇・三一九と芳しくない。打率も二割に乗った程度でまだまだ荷が重い状態だった。

五番センター藤尾、八番捕手森の布陣は続いた。この頃になると大方の評価は藤尾のコンバートを成功とみなし、巨人では長嶋に続く中軸打者という評価も得ていた。実際打点は長嶋に次ぐ多さだった。彼はサインを頼まれれば「9あれば楽あり」と書いた。「苦あれば楽あり」を自分の背番号にもじって書いたのである。それは彼が正捕手になるまでの多摩川での下積み生活を念頭に置いたものだった。

監督の水原もこう言った。

「藤尾のような選手を、本当のファイターというのかもしれないね」

六月二十五日には昭和天皇が皇后陛下とともに初めてプロ野球を観戦するという歴史的な日を迎えたが、藤尾は三番センターでスタメン出場している。このときの打順は一番与那嶺、二番広岡、三番藤尾、四番長嶋の順だが、新人の王貞治が六番一塁で出場し、七回にライトへ本塁打を放っている。藤尾は四打数ノーヒットと振るわなかったが、九回裏に長嶋が阪神村山からサヨナラホームランを打って巨人が劇的な勝利を収めている。藤尾にとってはプロ生活でもっとも思い出に残る試合だったと今でも言っている。

七月に入るとオールスターゲームのファン投票の結果が紙面を賑わすようになる。藤尾が外野手に転向して、セ・リーグの捕手の部門は誰が一位になるか世間の注目は集まった。彼の後釜に座った森か、大洋の土井か、候補者が絞られてゆく。だがファンは藤尾の姿を求めていた。それは「かつての日本一の名捕手藤尾よもう一度」とばかりに、ファンは藤尾のマスク姿を見たがったのである。

昭和三四年度のファン投票の結果でセ・リーグ捕手部門は、意外な展開になった。

一位　藤尾茂（巨人）　　四九、一三三九票

二位　土井淳（大洋）　三四、〇二〇票
三位　山本哲也（阪神）　三〇、一八八票
四位　森昌彦（巨人）　二四、〇七八票

本来外野手である藤尾の当選になってしまった。コンバートされてもファンにとってのセ・リーグの代表捕手は巨人の藤尾だったのである。しかも外野手部門でも一九、〇九五票を獲得して、八位にランクされた。これで藤尾は四年連続ファン投票一位で、オールスターに出場することとなった。なおパ・リーグは南海の野村が選ばれた。

ペナントレースは巨人が二位国鉄に一三・五ゲーム差をつけて独走状態にあったが、七月二十二日の広島戦のダブルヘッダーでは、藤尾は二試合とも古巣の捕手としてマスクを被った。捕手で出場のときは、八番が定位置だった。二十三日の広島戦では八番捕手で、五回に今季七号の本塁打を打った。八月十五日には広島の鵜狩道夫から左中間スタンドに八号本塁打を打った。六月から七月にかけてスランプに悩まされて当たりが止まったが、夏になって復調の兆しが現れた。外野手になったことで、打撃が本職になったという意識が、打てなくなると焦りを生んでいたのだった。川上にもしばしば相談したが、彼は「精神的な問題だ」と指摘した。練習熱心な藤尾はスランプに陥るたびに二軍選手のいる多摩川グラウンドへ足を運んで、ひたすら特打に励んだ。午後三時から練習開始のときも一時には姿を現して練習をした。

打率も二割五分を切ろうとしたが、多摩川での特訓が実って、七月の上旬から再び当たりが見られるようになった。

八月二十日の阪神戦では四回にカウント二―三からレフト中段にツーランを打って、勝負を決めた。真ん中に来たドロップを引き付けて打った当たりだった。守備も外野一年生にしては前後左右広範囲にわたって、軽快な動きを見せた。

九月二十二日の国鉄戦ではスタメンは捕手森、センター藤尾だったが、途中で森に代打を出すと、藤尾がマスクを被った。七回裏二死二塁で国鉄の五番打者町田行彦がライトオーバーの三塁打を放ったが、勢いあまって三塁を回ってホームに突入してきた。藤尾はライト国松彰からの返球を待ったが、五メートルほど三塁寄りにそれてしまった。藤尾はダイレクトで送球を受けると三塁フェアラインで走ってくる町田を待ち構えた。ラインを大きく超えてホームを目指す町田は藤尾が追いすがってタッチして来るのを食い止めようと、体当たりをしてきた。藤尾も怯まずに右足を踏み込み、半身になって町田の正面から衝突する。町田の体に藤尾はぶつかりながらもタッチする。藤尾はそのまま仰向けに押し倒され、頭から地面に落ちた。体ごと一回転して起き上がったが藤尾はボールを掴んで離さなかった。

主審が藤尾の姿を見て「アウト」を宣告した。この試合は国鉄に二対一二の大差で巨人は敗れるが、藤尾の闘志にファンは溜飲を下げることができた。久々にマスクを被っても彼のファイターとしての資質は落ちることはなかった。

藤尾はこの年に一一五試合に出場したが、八六試合は外野手として、三六試合は捕手としてのポジションを守っている。打撃を活かすためのコンバートだったが、打率は二六四で一四位、本塁打一三、打点は七〇だった。打点はチーム内では長嶋の八二に次ぐ成績である。打率が悪かったのは夏場のスランプが祟った。

彼は言う。

〈やっぱりリキみすぎたんですね。それというのがことしは外野で打撃一本だから打たなければならない。その意識があるのでリキムんですね。フォームとしては、腰が早く開くというのが原因でしょうか……。〉（『週刊ベースボール』昭和三四年六月二十四日号）

スタンスも変えたり、工夫も凝らしたようだが「バットマンというのは、いかに苦しいものかつくづく知りました」と心境を洩らしている。打撃に専念したがゆえに、精神的な負担は重くのしかかってきた。

森は一〇五試合に出場し、打率二二八、本塁打三、打点二六だった。打撃成績ではそれほど見るべきものはなかったが、彼なりの堅実さでレギュラー捕手として一年を務めた。元阪神の捕手で評論家をしていた土井垣武は、ある雑誌で森と南海の野村を比べてこう評した。

〈森捕手は東海地方の激戦地に育ったので、鍛えぬかれて闘志満々。動きも活発だ。野村とは反対に闘志を外に現わし審判の判定にも不服なときはしつようにくってかかる。打者に絶えず話しかけて怒らせたり、打ち気をそらすことを心がけている。この点では森のほうが一枚上である。……森のインサイド・ワークは藤尾よりはたしかに上だ。オールスター戦後森が出場すると、投手は水を得た魚のように生き生きとしてきた。だがわりに我が強いという欠点がある。〉

森自身も、実力で勝ち取った正捕手の座ではなく、水原によるチームの方針から藤尾が外野に回り、そのために巡ってきたポジションだと思っていた。それでも彼は藤尾の控え捕手だった四年間、ひたすらにベンチで試合を見て、実戦感覚を養っていた。打撃では藤尾には適わないが、捕手としての守りの面では藤尾の足元に近づいたのではないかと考えるようになった。西鉄との日本シリーズで主砲中西太を打席に迎えたときに、「ここでカーブを投げさせたら危ないぞ」とベンチで思っていた。すると巨人の投手はカーブを投げて右中間に本塁打を打たれてしまった。森なりに投球の組み立てをベンチで立てていたのである。

森も言っている。藤尾のような打てる捕手、走れる捕手との争いで唯一勝てるのは実戦を見て積んできた投球の組み立てや、相手の癖を見抜く方法や、試合の流れを読む力である。これが磨かれれば守りだけではなく、打撃も上達するはずだと。

そして森は自分なりの道を歩み続けていた。

地味ではあるが頭脳的なプレーに秀でた森と、表に立ったファイトを出す藤尾と二人はどこまでも対照的だった。一発長打の魅力のある藤尾は〝華〟があり、長嶋、広岡とともに多くのファンを魅了する巨人のスター選手であった。森は粘りがあったが、スター性で藤尾にはとうてい及ばない。打撃の藤尾と、頭脳の森、二人への評価は実際にどこまで的を射たものだったのだろうか。

後に二人に球を受けてもらうことになる宮田征典は違いを説明する。宮田は昭和四〇年にリリーフの専任投手となって二〇勝を挙げ、「八時半の男」と呼ばれた。彼は五球先のボールまで考えて投球するという頭脳的な投手である。宮田は言う。

「森さんは細かく攻めます。バッターの心理を頭に入れて、アウトコース低めが基本の捕手ですね。散らすときは散らしますけど、必ず確実に低くというのが彼の攻め方です。いつもアウトコースぎりぎりいっぱいに構えている。藤尾さんは入団して一年目くらいに組みました。藤尾さんは森さんほどの細かさよりも力で押すという感じです。細かさはない。構えもラフ。低めだったら膝を狙ったらいいじゃないかという感じです。西武の松坂みたいな剛球タイプの投手を使っていけるのは藤尾さんじゃないでしょうか」

実際、重い剛球で鳴らした別所毅彦は藤尾と組むことを誰よりも望んだ。藤尾と組むとのびのびと球を放ることができたからである。

藤尾自身はリードについてこう語っている。

「僕のリードのパターンは簡単です。内角高め、次は外角低めというようにクロスして攻めます。それと打者の嫌いな球とコースを徹底的に攻めます。球を散らさずに嫌いなところをいじめるという気持ちがありますから、カーブを四球続けて投げさせたときもあります。押せ押せというタイプですわ」

優勝に貢献したある主力投手は匿名を条件に言ってくれた。

「私が入ったときは藤尾さんが受けてくれました。アウトコースに構えていても、僕の失投で真ん中に入って打たれたときがありました。投手コーチは〝真ん中投げやがって〟と叱ろうとするんですが、藤尾さんは〝いやアウトコースに上手く行ってました〟とコーチに言ってくれる。森さんだとアウトコースに構えて、そのとおりに投げて打たれたとしても庇うことはなかった。むしろ〝投手が僕の言う所に投げなかったんです〟と、投手のせいにしていました」

その投手は「藤尾さんは投手を庇うが、森さんは自分を庇う。性格としてどうか……と思いました。だから投手は藤尾さんに受けて欲しいんですよ」と言った。実際、藤尾は投手が打たれ出してもできるだけ長く投手を引っ張ろうとする傾向があった。とくに味方がリードしているときで、あと一イニング投げれば勝利投手になれる場合は、少々打たれても「まだ大丈夫です」と首脳陣に答えた。だが森はその点の割り切りが早かった。あと一人抑えれば勝利投手になれるときでも、投手の球威が落ちたと見ればコーチに「もう駄目です。代えたほうがいいです」とはっきりと答えた。これがチームを預かる首脳陣から見れば、勝つためには森を優先して使うことにな

ったのでは、と主力投手の一人は語った

藤尾はこうも言っている。

「捕手のリードについても現実にはどうなのかなと思います。確かに上手いとか下手とか言いますが、投手がそこに投げてくれないことにはどうしようもないわけです。投手の呼吸を一つ入れるか入れないかだけで違ってもきますし、投手の球が走っているときには、その球を中心に組み立てなければならないですから」

この年の巨人はエース藤田元司が二七勝を挙げてMVPに選ばれ、長嶋は打率三三四で初めての首位打者になるなど投打が嚙み合って、二位阪神に一三ゲーム差をつけてぶっちぎりの優勝を飾った。パ・リーグで南海の優勝が決まった日に三四年度のベストナインが発表された。捕手部門はオールスターゲームファン投票に続いて、またしても藤尾が選ばれた。ベストナインは記者投票である。

藤尾茂（巨人）　一〇四票
森昌彦（巨人）　二〇票
土井淳（大洋）　一九票
江藤慎一（中日）　一票
該当なし　一〇票

外野手になった藤尾のほぼ独走状態での受賞であった。記者もまた藤尾の捕手としての姿を懐かしみ、依然として彼をリーグの代表的捕手として評価していたのである。四年連続のベストナイン受賞であった。

巨人は日本シリーズでは南海のエース杉浦忠の前に手も足も出ず、〇勝四敗で成すところなく負けてしまった。藤尾もアンダースローが苦手とあって、一二打数二安打と当たっていない。四試合中二試合に彼は捕手を務めている。水原はコンバートさせたものの、ここ一番の試合では捕手藤尾の力を必要としていたことが窺われる。

9 捕手と外野手と、「怪我」

昭和三五年の構想も藤尾は外野だった。水原は「内野は広岡、外野は藤尾が中心になってウンと張り切ってやってもらいたい」と抱負を述べていた。特に藤尾には四番の期待をかけていた。オープン戦では打率二一二と不調だったため、開幕戦は六番で起用されたが、春先に強い彼らしい活躍を見せた。

四月二日の国鉄との開幕戦では、初回にエース金田から左中間にスリーランを叩き込んだ。金田はショックのあまり、足もとの砂を食い入るように見つめるほどだった。このワンパンチで金田は憔悴し、ノックアウトされてしまった。さらに翌日のダブルヘッダー二試合で二本の本塁打を放って、開幕以来三試合続けての本塁打を記録した。さらに四月十二日からまたしても三試合連続本塁打と六月初旬までは早くも一〇本を放って、セ・リーグのトップを走った。五月二十八日の阪神戦では小山から低めのカーブを右膝が地面に着くほどに体を落として叩くと、打球は左中間スタンドに突き刺さった。これが一〇本目の本塁打だった。

開幕から一五試合を経過した段階で、本塁打六本、打点一七とセパ両リーグトップの成績だった。しかも打点一七のうち一四打点までが本塁打で稼いだものだった。凄まじい好調ぶりと言うしかなかった。

藤尾の打撃フォームは打ち出す瞬間に思い切り左足を踏み出す点に特徴があった。両肩よりも広く足を開き、体重の移動が後ろから前へきれいに行われた。同時に左腕が伸びきった状態でバットを振るから、スイングも大きなものとなり、ボールが真芯に当たると強力な打球となって弾き出された。打った直後も両腕を伸ばして伸びやかにフォロースルーをするから、大きな飛距離を出す理想的な打撃フォームと言えた。思い切りのいい、体全体を使ったしなやかな打撃は藤尾の魅力だった。

だが好調と不調の波が激しいところに彼の欠点があった。一人で試合を決める本塁打を打ったかと思うと、突然当たりが止まって、無安打の日が続く。

奇しくも藤尾は六月から突如低迷した。本塁打は一本も打てず、打率は一六〇、打点は三しかなかった。七月に入ってようやく持ち直し、七月二十三日に二カ月ぶりの一一号本塁打を打つと、八月二十五日から二試合続けての本塁打と調子に乗ってきたが、巨人大洋二二回戦で近藤昭仁の打球を追ったときに左足を捻挫して戦列を離れなければならなかった。

巨人はエース藤田元司が肩を壊して振るわず、大洋に優勝を許してしまった。

藤尾は一〇四試合に出場し、打率二四五、本塁打一五、打点五四の成績だった。守備位置は八六試合が外野で、一九試合が捕手だった。打てるときと打てないときの落差が大きく、それが次期四番と期待されながらも今一歩の成績に終わってしまった原因だった。対する森は一一五試合に出場し、打率一九七、本塁打二、打点一八で、打撃では圧倒的に藤尾が勝っていた。森がレギュラーたり得たのはやはり守備力であった。

真面目な努力家の藤尾は得意の打撃がスランプに陥ると、真夏の日でも多摩川に現れて黙々と打ち込みを行った。考えすぎる面もあった。それが心身ともに疲れを呼んだ。

この年二年目を迎えた王貞治は藤尾にこう話しかけた。

「でも、藤尾さんね、いいときはもちろんいいですよ。けれども、ちょっと悪くなったときに、普通の人以上にバッティングをよくするためということを考え過ぎるんじゃないかと思うんです」

藤尾はこう答えている。

「それが、つい脂がのっちゃうと、どんどんやっちゃうんだから。バッティングでも、もうこれくらいでやめたらいいだろうと思うんだけれども、自分が納得がいかなければやっちゃう。けっきょくはそれが波の大きいことですよ」

評論家の関三穂（ベースボールマガジン社記者）は彼に言った。

〈あなたはもうそろそろジャイアンツを率いていく立場の人だと思うんだ。もう若手とか、中堅じゃなくて、むしろ、俺についてこいという立場の人だと思うんですよ。それが途中で落ちるというのは残念なことだな。だからスタートのときのままじゃなくても、多少の波があっても、とにかくあるコンスタントの力を持っていれば、非常なものだと思うのですね〉

（『ベースボールマガジン』）

技術的なことを別所毅彦が指摘する。

「（藤尾は）近めも一応打てるし、カーブも流せる。割合器用なバッターだと思うんです。自分でもいっていたけど、タイミングのとり方がむずかしい。タイミングをはずされると、あんがいもろくなっちゃう。大して大ぶりをするようでもないし、一応アウトコースへ流すし、どっちでも打てるバッターですからね。そういう点でむしろ大器晩成型かもわからないけど」

藤尾はいつも春先は本塁打を連発するが、六月になるとスランプになってしまう。好不調の大きなぶれをなくすことが大事だと言うのである。

伊藤芳明も言う。

「藤尾さんはよく打ちましたね。夏以降ちょっとばてて湿りがちになりましたが前半の成績は凄かった。ところが捕手という慣れたポジションから別のところへ行くと、神経の使い方が違って、首脳陣が予想したような打撃の成績が上がらなかった。捕手に戻ったけれど、森君が自信をつけたことと、左投手が少ないだけに森君の出番が増える。藤尾さんも外野で併用になってくる。一番苦しんだんじゃないですかね」

昭和三五年限りで水原は巨人の監督を退任し、ヘッドコーチの川上が監督に就任した。同時に藤尾の捕手復帰も発表された。

彼はこう語った。

「ぼくが捕手から外野へ転向したときにいちばん心配したことは、ぼくの性格からくるものだったんです」

つまり、捕手は投手の調子を考え、配球に気を遣い、ナインにも気をくばり、目が回るほど忙しい。常に神経を使うから自分のことを考えている余裕はない。

「だけど、ぼくの性格からすると、そのほうがよかったんです。自分のバッティングが当たらなくとも、そんなことにかまっていられない。その苦しさが、ぼくにとっては逆にファイトをかきたてる刺激剤になったんです」

と言っている。

昭和三六年のシーズンはレギュラーとして成長をした森と藤尾が再びポジションを巡って争うことになったのであった。藤尾は新チームの主将にも推された。

「巨人にはファイトがない。藤尾のファイトを買ってリードさせれば、他選手に与える刺激も大きいはずだ」

というのが理由だった。昭和三六年四月十四日発行の『週刊読売スポーツ』にはキャッチャーミットとマスクを頭に被って、右手を大きく上げた笑顔の藤尾の写真が表紙を飾っている。

しかし捕手の座は森のものだった。開幕戦から森がマスクを被り続ける。森はそれでも藤尾を意識していた。ある週刊誌に「捕手は絶対に打たなければいけない。今年から藤尾さんもキャッチャー一本でやるから、どっちが試合に出ても打たなければ出してもらえない」と語っている。

藤尾が彼らしい働きをしたのが、五月十三日の阪神戦だった。三対五で阪神リードのまま迎えた九回の裏だった。阪神のマウンドは村山実が投げ続け、巨人は五回に三点を挙げただけで、後は〇点に封じ込められている。低めの力強い投球で巨人打線は沈黙を続けていた。だが九回の表になって突然波乱が起きた。敗色濃厚の巨人は、六番広岡が四球を選んで出塁すると、七番森がレフト線いっぱいに二塁打を打って、無死二、三塁となって同点のチャンスを迎えた。ここで八番藤本に代えて、監督の川上は藤尾を代打に指名した。いつも春先は勢いよく本塁打を連発する彼も、森が正捕手に居座っているため、一本も本塁打を打っていない。

村山は内角の速球で二—〇と追い込むと、さらに三球目も力で押したボールを投げたが、ど真ん中に入ってしまった。藤尾は豪快に振りぬくと、打球はレフトの右側にライナーで飛び込んだ。逆転のスリーランだった。村山は呆然とマウンドに這うように両手をつけた。藤尾がゆっくりとダイヤモンドを一周すると、興奮した阪神ファンが座布団、空き缶をグラウンド内に投げ込んだ。ホームの手前五メートルまで行くと、藤尾は集まってきたナインにもみくちゃにされて、ホームを踏んだ。

川上も言う。

「それにしても藤尾はよく打った。もちろん藤尾の一発が勝因だ」

五月十七日の国鉄戦もスタメン森の後にマスクを被って、先発金田から二塁左を抜くタイムリーを打っている。二十日の大洋戦ではスタメンで出場し、堀本律雄とバッテリーを組んだ。藤尾は五回に鈴木隆の球をレフト上段に二号本塁打して気を吐いた。

『週刊ベースボール』（三六年八月十四日号）にはこの頃ファンの投書が掲載された。

〈私は猛烈な巨人軍ファンです。

最近になってようやくスターティング・メンバーに顔を出すようになった藤尾主将ですが、ベンチをあたためていた頃も、主将としてかげの力の責任をじゅうぶんに果たしたことと信じています。だからこそ、森に代わって出場するとめざましい活躍をやってのけたのだと思います。最近の藤尾主将にスポット・ライトをあてて見てください。〉

ファンの声に後押しされるかのように藤尾がスタメンで出て活躍した。

七月二十三日の大洋戦では堀本と再びバッテリーを組んで出場したが、二回に大洋に先取点を許してしまった。その発端は藤尾の捕球ミスだった。大洋桑田はライト線への安打とバントで二塁まで進んだ。打者長田のとき堀本が投げた真ん中高めの球を、捕手藤尾はマスクに当てたまま三塁ベンチ前まで転がしてしまった。カウントは一—二だったので、長田が打ってくるものと思い、ミットも出さなかった。これで三塁へ進んだ桑田は、長田四球の後、鈴木武の二塁ゴロでホームを踏んだ。このとき藤尾は唇を噛みしめ、自分が原因で許した先制点を何とかして挽回しなければならないと思っていた。

大洋の先発鈴木隆は外角いっぱいから曲がってくるカーブが冴えて、二回二死まで三つの三振を奪う。そこで打席に六番藤尾が入った。歯を食いしばった藤尾は鈴木の初球、真ん中高めの直球を左中間中段に打ち込んだ。第三号本塁打だったが、みずからの失敗をバットで取り返した一撃のために、彼の表情に笑顔はなかった。フルスピードでベースを一周すると、黙ったままホームを踏んだ。一対一の同点のまま九回まで進み、長嶋がサヨナラホーマーしてこの試合は終わった。

川上は、試合後こう語った。

「長島で決まった試合だが、藤尾のホームランも見事だった。試合からしばらく遠ざかっていながらあれだけ打てるのは立派」

主将としての責任感から打った一打だった。

七月二十七日の中日戦では一回表無死一塁で走者には俊足の中利夫がいた。ここで打者河野旭輝は三塁前に絶妙のバントエンドランを決めて、内野安打となったが、中は一気に三塁まで進もうとした。ちょうど三塁手長嶋は打球を処理したため、前進しており、三塁は誰もいなくなっていた。その隙を中は見事に突いたのだった。ところが捕手の藤尾が咄嗟に走塁を見抜き、快足を飛ばして三塁のベースカバーに走った。藤尾は中が三塁に向かう前にベースカバーに着いて、一塁手の王からボールを受ける。すばやくタッチするが、間一髪セーフになった。セーフになったものの、天性の勘の良さで走り回るところに藤尾の長所があった。ちょうどこの間、森が右ヒジの負傷をしていたので、藤尾がスタメンで出場したが、中日三連戦では王、坂崎、藤尾でチームの全一八打点中の一〇打点を稼いだのが大きかった。巨人は七連勝で首位に立ち、二位国鉄を四ゲーム離していた。藤尾は八月二十日の国鉄戦ダブルヘッダーの第二試合で四回にセンター前タイムリー、七回には走者を三塁に置いてライトへ犠牲フライを上げて二打点を挙げるなどの活躍をした。

この年は主将藤尾、コーチ兼任選手が広岡という体制だったが、真夏の暑い日にある出来事が起こった。日曜日のナイターで国鉄に惨敗したため川上は翌日の昼に多摩川グラウンドで練習を命じた。ちょうど明日は月曜日で試合はないから休養日のはずであった。しかし川上はマネージャーの山崎弘美を通して「明日二時多摩川集合」とナインに声をかけた。広岡が真っ先に反対の声を上げげた。彼の声がナイン全体に聞こえた。

「このクソ暑いのに練習か。俺なんかは家で寝ていたほうがよっぽど調子が上がるんだけどなあ」

選手たちも口にこそ出さないものの、広岡の意見に同調していたことは明らかだった。そのとき一同を引き締めるように藤尾が言った。

「広さん、あんたはそうかもしれないけど、今日みたいな負け方をしたんだから、やっぱりやらなくちゃ仕方ないよ」

読売新聞の運動部記者だった吉田和夫は言う。

「藤尾はどっしりと構えていたから投げやすかったと思いますね。森は構えていても投手が投げる瞬間にミットを動かすわけですよ。投手はミットを目がけて投げるからぱっと動かれたら狂うわけですよ。何で森が使われたかというとインサイドワークがよいと思われたんだろうね」

そのインサイドワークだが、吉田はこう考えている。

「監督がしゃべっているときにぱっと答えるとか質問するとかのアピール度の問題でしょう。藤尾は感じとしてぼおっとしてますから、受け答えが森よりも下手な感じがするわけです。森はちゃんと説明ができる。川上監督好みの選手ではありました。牧野コーチが来てからは信頼を得た感じがします。そりゃ森よりも藤尾が人気はありました。スターでしたからね。大きなバッティングで楽しみな選手ではありましたね」

広岡達朗はこう言う。

「森よりも藤尾さんのほうが選手としては数倍も上ですよ。すべてにおいて上かもしれません。彼はどれだけ伸びるかなというほどの素材ですよ。あとは本人の性格が強くて前向きで努力していったらスーパースターですよ。打撃もロングヒッターでよかったですよ」

やはり森が頭脳的な捕手と言われる理由に広岡も「受け答えの上手さ」を挙げている。

「藤尾さんが世渡りが上手ければ別だけど、相手が悪かったです。森は野球を一生懸命研究はするし、上からの印象もよい。周囲がインサイドワークがいいと宣伝するからそう思われただけの話です。藤尾さんは管理野球には合わなかった。受け答えが上手でないからよ。思ったことが説明ができないのでしょう」

性格的にも「藤尾さんは善人ですわ」と広岡は言う。周囲からもインサイドワークが悪いと言われて、藤尾は自信をなくしていったのじゃないかと多くの人が言う。

ある主力投手はこう言う。

「例えば投手が打たれるじゃないですか、藤尾さんは〝やあ、すまん、あそこでカーブを投げさせんほうがよかったね〟と言いながらベンチに帰ってくる。藤尾さんは全部かばってくれました。だから投手にとっては捕手は藤尾さんがよかったんですよ。森さんはそうではなかった……。」

そう言いかけて口をつぐんだ。

主将藤尾は生真面目な人間だったので、選手からの要望批判も首脳陣にできる限り伝えた。ずるく立ち回ることをいさぎよしとしない性格だった。それが首脳陣批判にとられたこともあった。

「藤尾さんは一本気な人でしたからね。選手からの要求を率直に言ってしまったんですね。それで印象を悪くしたんではないでしょうか」

とある選手は呟いた。

こんな時期にある事件が起こった。

昭和三六年の夏のある日だった。投手は伊藤芳明が投げて藤尾は捕手として試合に出場した。伊藤はインコースへ投げて逆転スリーランを打たれて負けた。ベンチに帰って来ると投手コーチの別所毅彦が伊藤に怒鳴った。

「お前、あのときどこへ球を投げたんだ！　インコースか？　打たれるに決まってるじゃないか。ばかやろう！」

そこで藤尾が間に割って入った。

「別所さん待ってください。インコースに投げさせたのは私です。伊藤の責任じゃない。私の責任です」

「藤尾、何言っとるんじゃ！」

別所は眉間に皺を寄せたが、試合途中ということもあって、その場は一応収まった。試合後藤尾が風呂に入っているときに口論は再燃した。シャワーを浴びていると、別所がやって来た。

「藤尾はどこにおるか！　どこにおる！」

「お前キャプテンのくせに、あの態度はなんだ！」

二人は再び口論を始めてしまった。さすがに監督の川上もたまりかねて、二人の前に出て一喝した。

「藤尾、お前は黙っておれ！」

これは首脳陣に対する批判と受け取られた。後々までこの事件は尾を引いた。

藤尾は言う。

「森は投手の球速が落ちたら、正直に〝落ちました〟と言うのです。あるいは〝ここに私が投げろと言ったのに、投手がここに投げて打たれました〟とはっきり言う男なんです。僕が高校時代に受けた教育というのは、〝捕手は女房役なんや、投手を悪く言ったら駄目なんだ〟と、打たれたら〝私が悪い、私が投げさせたんです〟と言う教えでした。森はその反対だった。僕は生一本ですな。そこで引いておけばええのに、正直に反抗してしまった」

その日の夜だった。帰宅してみると電話が鳴っていた。時刻は深夜の一時をさしていた。電話の主は広岡だった。広岡はこう言った。

「藤尾残念やったなあ。お前、主将の座を取られたよ。これで罰金は三万か五万だぞ」

昭和三六年当時の三万という金額はかなりの額になる。

さらに広岡は続けた。

「だけどこの三万がうんと役に立ってるからな。ピッチャー連中は皆よう分かっているから、それだけでもええんと違うか」

藤尾に科せられた処置は首脳陣に反抗したということで、罰金三万円だった。そしてその年限りで巨人軍六代目の主将の座も降ろされてしまった。

伊藤は言う。

「関西人は計算高いし、ずるさを持っていると言われますけど、藤尾さんはそういうものはなかったね。まっすぐという感じでした。監督にも思い切ってものを言える人でしたね。食って掛かるときもありました。そのへんが森さんと差があったのですね」

藤尾は出番は少なくなっても持ち前の闘志溢れるプレーを忘れなかった。

九月十二日の中日戦で久々に先発のマスクを被った藤尾に敵の攻撃が襲い掛かった。一回裏中日の攻めで二死一、二塁で五番の森徹が三遊間を抜いた。ツーアウトという点もあって、二塁走者の井上は一気に本塁まで走ってきた。レフトの宮本敏男からの返球は藤尾の頭上を越えるほどの高さだったが、藤尾は大きくジャンプして後ろへ逸らさなかった。体が伸びきった藤尾の体めがけて三塁走者井上が左肩を前に出しながら突進してきた。藤尾はタッチしながらも後ろ向きに転倒、体はふっとび頭から真っ逆さまに落ちた。それでもボールをしっかりと握って離さず、アウトが宣告された。やはり藤尾は元気いっぱいだった。

リーグ優勝が決まった後の十月十七日の広島戦でもホームを死守していた藤尾は溌剌としたプレーを見せた。九回表広島の攻撃で、一死三塁のとき四番大和田明はライトへ浅いフライを打った。三塁走者森永勝也はタッチアップで猛然と本塁へ飛び込んだが、藤尾はライト坂崎一彦からのバックホームのボールを捕ると、滑り込んでくる森永に向かってそのまま飛び込んだ。空中で激突した格好になり、二人とももんどりうって倒れたが、藤尾の闘志が上回っていた。ホームベース直前で藤尾のタッチが決まって、アウトが宣告された。うつ伏せになりながら悔しそうに藤尾の後ろ姿を見る森永。藤尾は尻餅をついたままボールを投手の中村稔に投げ返す余裕を見せた。

昭和三六年のシーズンは終わった。巨人は優勝し、日本シリーズも南海を破って日本一になった。藤尾は八九試合に出場して、本塁打三、打点一九、打率一八六に終わっている。一方森は一一三試合に出場して本塁打四、打点二九、打率二二三を打ち、インサイドワークが評価されて初めてのベストナインに選ばれた。打撃もしぶとさが出てきて相手投手も嫌がるようになった。七月十六日の大洋戦では八回に島田源太郎から二塁へゴロを打ったが、二塁手が前進して捕ろうとすると、バウンドが急に上がって、頭上を越えてヒットになった。これが決勝打となって二人の走者が生還する殊勲打となった。彼にはこのような粘りがあった。森はこの年から八年連続してベストナイン捕手として選ばれ、セ・リーグの代表的捕手の座を不動のものとしてゆく。

シーズン最終戦が終わって評論家の天知俊一は「ペナントレースからみた巨人」と題して「マイナス・藤尾のベンチ」と小見出しをつけて反省点を書いた。

〈いま一つ、巨人のために惜しいと思うのは藤尾を有効に使っていないことだ。藤尾は平均打率二割六分三厘。巨人とすれば強打者の部に属する。捕手もやれるし、外野もやれる。ヤンキースのベラ、ハワードのような存在だ。同期の河合（西鉄）や吉沢（中日）山本哲（阪神）などはバリバリやっている。まだ老けこむ年齢ではない。リードの点で森に劣るといわれているがずぶのしろうとならいざしらず、十年近くプロで飯を食っているものがそんなに劣っているとは考えられない。サインが十も二十もあるわけはなし、投手がちょっと首をふれば自分の望むサインが捕手の手から飛び出してくるのだ。藤尾は亭主にとってコワイ女房であるのかもしれないが、捕手はあくまで内助役。彼をベンチで眠らせておくのは惜しい。〉

（『報知新聞』昭和三六年十月十三日付）

この年の日本シリーズでは藤尾は妙な働きをしている。巨人二勝一敗で迎えた第四戦、南海が三対二とリードした九回裏の出来事だった。巨人は二死一塁で代打に藤尾を起用した。この回から南海は必勝を期してスタンカをリリーフに送った。あと一人打ち取れば南海勝利の寸前だった。藤尾はスタンカの速球に詰まって、一、二塁間にフライを打ち上げてしまった。三万人の観衆が一斉にため息をつく。藤尾が頭を抱えた。マウンドでスタンカが両手を挙げる。万事休すと思われたその瞬間だった。一塁手寺田は一瞬スタンカを見た。そのときボールはミットからこぼれた。これで藤尾は一塁に生きた。つづいて長嶋は緩い三塁ゴロを打ったが、三塁手がファンブルして二死満塁となった。ここで次打者宮本はライト線いっぱいに二塁打を打って、三塁走者国松の後に、藤尾がホームに駆け込んで巨人のサヨナラ勝ちとなった。

苛立ったスタンカはホームのバックアップに走ったときに、主審の円城寺の足を払った。飛ばされた円城寺は、倒れたままゲームセットを宣告するというハプニングまでついた。

藤尾の一打から奇跡を呼んだ不思議な勝利だった。


昭和三七年には彼自身が「外野へのコンバート」とともにもう一つの人生の岐路ともいうべき、事故に遭遇した。六月二十七日に札幌円山球場で行われた阪神戦での出来事であった。六月二十四日の国鉄戦で本塁打を打った藤尾は、打撃好調の理由を買われて久々に先発出場することになった。

打撃コーチの荒川博が川上に進言したのである。

「藤尾が当たっています。使ってやってください。外野はどうでしょう。きょうは風も弱いしレフトなら大過なくやれるでしょう」

彼はスタメンレフトで一番である。抜擢であった。幸いコンディションも良かった。

藤尾は一回の裏に先発牧の球を捉えると、打球は左中間のもっとも深いところに飛んだ。あわてて背走した左翼手が掴んだが、あと一メートル飛べば文句なしの本塁打になる筈だった。調子は乗っていた。しかし四回表の守備のときだった。レフトを守る藤尾の前に四番遠井のハーフライナーの打球が飛ぶ。遠井は左打者だから、打球は左に切れながら、藤尾の前に落ちるかに思われた。藤尾は前進し、打球を懸命に追ってノーバウンドで捕ろうと、体ごとボールに突っ込んだときだった。右肩から体全体に衝撃が走った。彼は転倒し、右肩を地面に痛打したまま、そのまま動かなくなってしまった。すぐにナインが駆け寄り、「大丈夫か⁉」と声をかけるが、彼は動かない。すぐに担架で運ばれたが、応急処置では間に合わず、札幌医大付属総合病院の整形外科に運ばれる事態となってしまった。レントゲン診断の結果、右鎖骨関節脱臼で、全治一カ月の診断だった。

川上は藤尾の事故が大怪我だとわかったとき、「勝つには勝ったが藤尾のケガは痛かった」というコメントを残した。

読売新聞の吉田和夫はこう言う。

「根っからの外野手であれば捕れるか捕れないか、どうすればよいかが身についているわけです。だけど藤尾の場合は精いっぱいだったわけです。フェンスにぶつかったのは珍しい。選手にぶつかったのはあるけど、ああいう捕り方で肩を折ることは珍しいんじゃないかな」

藤尾の怪我は予想以上に長引いた。後に骨折と判明し、三カ月間のリタイアとなってしまった。彼がユニフォームを着ることができたのは、秋風が吹く頃であった。その間、藤尾は自宅で右腕を三角布で吊りながら、左腕だけで、バットを持って手首の返しの練習をやっていた。掛かった医者もずれた骨をまっすぐに繋いでくれなかった。グラウンドに戻ったときは肩もすっかり弱くなってしまった。

後に藤尾が回顧するには、手術を薦める昭和医大の先生と、手術しないで治すという吉田接骨師との意見が食い違い、「手術したら二度と野球はできなくなるかもしれない」という不安から、手術をしないで吉田先生に任せたのだった。負傷は治ったが、右肩には突起ができて、痛みに耐えながら野球を続けなければならなくなった。

伊藤は言う。

「藤尾さんの選手寿命を縮めたのは鎖骨を折ってしまったことです。もう少し時間をかけて治せばよかったのに、本来ギプスをはめなければいけないのを、ギプスなしで早く治すということで、荒療治をやったわけです。レントゲンを撮る日は、骨が入っていて大丈夫でも、ギプスをしていないから後で骨が少しずつずれてしまう。裸になると、骨が縮んでいたのがわかったんじゃないかな。それで本来の肩が消えてしまって、捕手のポジションにも帰れなくなったわけです」

藤尾はこう語る。

「北海道のケガの後遺症で今でもポコンと骨が出ています。それから肩が痛むようになってしまった。〝どうだ、肩は大丈夫か〟と訊かれるたびに〝大丈夫です〟と答えて、平気な顔をしてキャッチボールや遠投をやらなければなりませんでした」

そしてこうも語る。

〈もし、私が強肩だけで、さして長打力もなく、快脚でなかったら、捕手のポジションで納まっていたかもしれない。森君だって、最初は打てないキャッチャーだったのだから……。

逆説的に聞こえるかもしれないが、長打力や脚力を生かしたほうがいいと、外野に転向したのが、そもそもの不運を招くことになったのだと思う。〉

（『週刊ベースボール』昭和四一年一月三十一日号）

藤尾は三五試合の出場に止まり、本塁打一、打点三、打率〇・一六四、森は一三四試合出場、本塁打六、打点四四、打率〇・二四七と差が開いた。

再起をかけた昭和三八年の宮崎キャンプでは藤尾はスライディング練習の際にまたしても怪我をしてしまった。二月一四日だった。藤尾が二塁ベースに猛烈にヘッドスライディングした瞬間だった。左手でベースをタッチしようとしたとき、右肩に凄い痛みが走り、「痛い」と叫んでしまった。肩は脱臼で、そこに付随している靭帯も切断してしまっていた。これは昨年北海道で骨折した箇所と同じところだった。全治は一週間だったが、藤尾に練習許可が降りたのは三月の終わりであった。その後、多摩川グラウンドで若手選手に混じって練習を続けていた。一軍のベンチ入りができたのはシーズンが始まって三カ月も経とうとする六月二十二日であった。

森自身も先輩藤尾の存在に怯やかされ、下からは東京六大学切っての大型捕手大橋勲（慶応大）に追いかけられ、ポジションを守るのに必死だった。「一度手にしたものは渡すものか」という気概に満ちていた。とくに藤尾が怪我から復帰したとき、「意識するなといっても人間だからやはり無関心でいられない」と不安を露にして呟いた。

そして藤尾は森に故障があるとさっそくマスクを被って試合に出た。八月十一日の阪神戦では森に代わって藤尾がマスクを被ることになった。ちょうど巨人は三連敗中でどうにかして勝たなければいけないと必死の思いのときだった。そこで頼りになるのはかつての日本一の捕手藤尾だった。一番センター柴田から巨人不動のオーダーがアナウンスされてゆく。「六番　キャッチャー藤尾、背番号9」と呼ばれると、超満員の後楽園球場のスタンドは一瞬息をのんだように静かになり、「ワァー」という大歓声に変わった。拍手と歓声は長嶋、王、柴田にではなく、藤尾に対してのものだった。ファンは正捕手藤尾の復活を願っていたのである。

ここで彼は今季初安打を放つと、続く広島戦でも若手投手の高橋明を上手くリードして、巨人の四連敗を救う活躍をした。以前ブルペンでじっくりと高橋の球を受けながら、彼にナックルボールがあることを発見したのである。これを試合で投げさせると、相手打者は戸惑った。そこにストレートを入れると、相手はまったく手が出なかった。

川上も笑顔でこう言った。

「高橋明が非常にうまいピッチングをしたが、これも藤尾のリードがよかったからで、やはりこういうゲーム（三連敗）にはベテランでなければむずかしいものだ。高橋とならんで藤尾も立派な殊勲者だよ」

昭和三八年九月五日の大洋戦では左腕の北川芳男とバッテリーを組んだ。藤尾は六回に島田源太郎のカーブをすくい上げてセンター前に落ちるヒットを放った。ベテラン執念の一打で、巨人の先取点を叩き出した。これが八連敗を救うヒットになった。

藤尾は言う。

「北海道で右肩を脱臼して、肩が痛くなったけど、それでもいくつか自分が出られたゲームがあったんです。左のエースだった伊藤芳明が、僕と組んで試合に出ると呼吸が合うようになったんです。そこで伊藤が投げるときは僕が捕手でした。ローテーションの後半で回ってくるんですが、それが生きがいになりました」

伊藤は昭和三四年に日本生命から巨人に入団し、新人ながら開幕投手を務めた。二六歳でプロ入りしたこともあって、ついたあだ名が〝おっちゃん〟、昭和三六年には一三勝六敗で最高勝率、三八年には一九勝を挙げて、沢村賞を受賞している。球は速く、カーブもよく切れたが、コントロールに難があった。そのため投球モーションを起こしてからミットの位置を移動する森には悩まされていたといわれる。自然、ゆったりと構える藤尾と呼吸が合うようになった。

伊藤は語る。

「僕が藤尾さんに捕手をしてくれと言ったわけではないですが、呼吸が僕と合っていると監督が見抜かれたと思うんです。コントロールがそれほどいい投手じゃなかったから、藤尾さんには助けられました。僕が打たれても〝俺が悪い、悪い〟を連発してくれました。投手を庇ってくれる人でした」

藤尾は自分でも述べている。

〈そんな私の態度を慰め励ましてくれるのは、伊藤のオッちゃん（芳明）だけだった。「打たれるのは投手が悪いんだ。なにもベンチに帰って謝る必要はない。誰がどうみても、打たれたのはワシが悪いんだから、元気を出していけ」

といってくれた。

しかし、私は、捕手は投手を盛り立てるのが役目だと思うから打たれても、投手が悪いんだ、ということは口にしなかった。〉

（『週刊ベースボール』昭和四一年一月三十一日号）

それが、

〈伊藤のオッちゃんは、私を庇ってくれた。だが常に「オレが悪いんだ」といっていたことが、次第に「藤尾はリードがへただ」という考えを、ベンチにしみ込ませていったのだと思う。〉

（同）

という結果に繋がった。

実際に伊藤は森ともバッテリーを組んでいるが、そのリードは大差なかったと言っている。伊藤の持ち味であるカーブと直球の組み合わせ、中心となるカーブの引き出し方のリードも二人には差はなかった。ただ違いがあるとすれば、打たれてしまったときの仕草と好投したときの喜びの動作は藤尾のほうが大きかったということである。

「抑えたときは森君は冷静で、仕事が終わったからと監督にまず報告する。藤尾さんは監督に行くよりはまずバッテリーで喜び合って、捕手も嬉しいんだよとマウンドにやって来ます。森君は投手によりもどういう報告を監督にするか、先を見るわけです。藤尾さんは監督にそれほど気を遣わずリードしていたし、報告も求められなければしなかったと思います。監督にしたら可愛いほうは自分のところに報告に来るほうじゃないかと思います」

昭和三八年に伊藤は一九勝を挙げるが、そのうち九勝までは藤尾とバッテリーを組んで勝ったものだった。

この年（昭和三八年）の日本シリーズは西鉄との対戦だったが、第四戦では四回表無死一、二塁で四番ロイが一塁前にバント、これを一塁手王がグラブに入れながらも前に弾いてしまった。これを藤尾がボールを拾って、すぐさま一塁へ投げると、間一髪アウトになった。藤尾の機敏な処理が無死満塁となるピンチを救った。

報知新聞は「藤尾、水際立つバント処理」と題して、三枚の連続写真で取り上げた。

藤尾は述べている。

〈結果からみると、捕手のポジションを明け渡したのだから、森君に負けたことになるが、私は私なりに、投手のリードにも心を砕いた。

森君と同じことをやっていてはダメだからと、ミットを構えるのにも、森君とは違ったやり方でやった。

というのは、森君はアウトコース、あるいはインコースへほうらせようとするとき、体ごとその方向へ持っていく。

私は、ミットだけを持っていくようにした。そのほうがいいと私には思われたからだ。〉

（『週刊ベースボール』昭和四一年一月三十一日号）

打者への攻め方にしても、

〈私の投手リードは、直球を決め球に、変化球は捨て球に使った。そしてイン・サイドで勝負した。

森君は、変化球を主体にして、アウトサイドで勝負することが多い。〉

（同）

藤尾は実際に出番こそ少なかったが、森がのびのびと活躍できるのは彼が控えにいるという安心感があったためだと誰もが思っていた。この当時巨人の捕手陣には加藤克己、西山正巳、大橋勲、宮寺勝利などと錚々たるメンバーがいたが、やはり森と藤尾の二人が実力的にも抜きん出ていた。だから森に万一の場合があったときは藤尾の出番となったのである。

実際巨人のOBは藤尾の復活を心から願っていた。

戦前の正捕手だった楠安夫は「これは藤尾の気持ちの問題だ」と論じながらも、彼に若返って欲しいと述べた。戦前戦後の名二塁手千葉茂も「結局頼れるのは藤尾だ」とまで断言した。

若手投手相手のブルペン捕手も務めた。このとき藤尾は控え捕手のときの苦労を言う。

「ジャイアンツが好きで好きでたまらなかったから、この苦境を乗り越えたと思います。最初の頃はブルペンで若い者の球を受けていても、ハリのなさに嫌気が差したこともありました。それがだんだんと若い者がちょっとでも好投してくれるように励ます気持ちに変わった。これも逆境があってわかったもので、世の厳しさ、人生経験のいい勉強をさせてもらった。自分自身にも大きなプラスになったと感謝さえしているくらいです」

だからたまに試合に出るとスタミナも顧みず、一試合に全力を尽くした。そのため審判への抗議もファイト満々だった。その姿をファンは喜んだ。

この年二五試合出場、本塁打〇、打点三、打率二七七、森は一三二試合出場、本塁打四、打点三八、打率一九八だった。森は七月二十四日の阪神戦で延長十二回二死満塁に前進守備の二塁手の上をゆるやかに抜くサヨナラヒットを打った。しぶとい森の打撃の本領発揮といったところだった。

昭和三九年のシーズンが始まった。藤尾は当初二軍に落とされていたが、彼は腐ることなく自らに猛練習を課すことをやめなかった。疲れたと感じたときは、逆療法で自分で走り込むようになった。多摩川グラウンドでも毎日三〇分を一人で打ち続けた。気がつくと二五〇本打ちまくっていた。打撃練習が終わると、若手選手のために四〇分間の打撃投手も務めた。

「ぼくの今の状態としてはもがいてもどうにもならないです。それだったら悪い結果のことばっかり心配せずに、とにかく球を追っかけてみるのですよ」

と藤尾は答えている。そして七月四日になって藤尾にようやく一軍から声がかかるようになった。そのとき彼は多摩川で猛練習をしたため、肌の色は真っ黒で精悍な表情になっていた。そして先発出場の機会がやってくる。

昭和三九年の七月九日に札幌円山球場で行われた阪神戦では藤尾は相性のよい伊藤とバッテリーを組んだ。久々にマスクを被る彼に対して、ナインも何とか盛り上げてやろうという雰囲気が並々ならぬほどあった。阪神の左腕大田の前に巨人打線は沈黙していたが、五回裏に打席に八番藤尾を迎えた。走者は一塁に死球で出塁した池沢義行がいた。〇―一とボールが先行した三球目だった。すでに藤尾は大田が小さく曲るカーブをよく使っていることに気がついていた。大田はカーブを投げるとき体が浮いたように一塁側に傾く癖があったからである。藤尾はこれを見抜き、三球目を待った。大田の体がふわりと浮いた。「カーブだ」と読んだ藤尾は、センター返しを心がけ打ち返すと、打球は半ライナーでセンターバックスクリーン目がけて飛んでいった。打球は一気に加速してセンターのフェンスを越えていった。バックスクリーン左に入る決勝のツーランホームランだった。しかも今シーズン初安打が本塁打というおまけまでついた。一塁側の巨人ファンは久々に見る藤尾の豪打にただただ唸るしかなかった。〝藤尾健在なり〟という思いで皆息をのんだ。

リードも冴えた。一回に四番の山内和弘を迎えたとき、逃げ腰になった伊藤を激励して三球とも内角の直球で徹底的に押すという投球をさせた。それが三球三振に繋がった。藤尾特有の〈直球を決め球に、そしてインサイドで勝負〉という強気の姿勢が活きたのである。後半に伊藤が疲れてくると、外角に逃げる球で交わした。さらに七回も藤尾はあわや本塁打という二塁打を打った。伊藤は九回を一点に抑える完投勝利を挙げた。

川上も「藤尾の一発がきいたね。きょうはあれで決まったようなものです」とコメントした。

そのとき藤尾は二年前の同じ球場、同じ阪神戦で起こした自らの事故を思い出していた。レフトを守っていたときにハーフライナーをダイビングキャッチしようとして右の肩を痛めてしまった。二年たったとはいえ、彼の右鎖骨は二センチほど丘のようにぽっこりと盛り上がっていた。骨が接合できずに完治しなかったのである。天性の強肩も失った。あの怪我で彼は三七年のシーズンを棒に振ったが、外野席の後方に見える三角山を見るたびにやりきれない思いになった。その過去を吹っ切るように先制ツーランを打って、二年前のあだ討ちを彼なりに果たした思いだった。

報知新聞は書く。

〈多摩川できたえてきた顔に無精ヒゲをはやした藤尾がニッコリと笑うと、白い歯が目立った。〉

さらに藤尾は存在感を示した。東京に戻った七月十三日の大洋戦では再び伊藤、藤尾のバッテリーで臨んだ。伊藤は相性のいい藤尾が受けてくれるためかいつもと違って別人のような落ち着いた投球を見せた。前半こそボールも多かったが、次第にストライクが先行するようになった。八、九回に球威が落ちて苦しみだしたが、藤尾のどっしりと構えた姿に安心したのか、調子を崩すことはなかった。とくに九回は四番桑田が三塁長嶋の下を抜いてゆく安打を打って、無死一塁となったとき、藤尾のリードが活きた。疲れた伊藤に対してあえて強気の投球を要求したのである。

五番長田に対しては内角を突く直球で、センターへのフライ、六番黒木には落ちる球でショートへのフライでピンチを切り抜けた。藤尾の特性である「中央突破型のリード」が大洋打線を封じたのであった。伊藤は散発六安打の完封勝ちを飾った。

評論家の天知俊一は、『報知新聞』でこう述べた。

〈伊藤がなぜこんなに落ち着いた、ピッチングをみせるようになったのか。わたしは捕手が藤

尾に代わったこともその理由のひとつになっていると思うのである。〉

天知は〈伊藤の球が森と組んでいるときはまるで別人の球のように思われる場合もありうると考えるのだ〉と指摘したうえで、こう言っている。

〈藤尾がホームプレートの真うしろにでんと構えて少しも動かないこと。動くことはあっても、目立つほどには動かず、このために投手が投げる球をコントロールしやすくなるという利点があるようだ。〉

藤尾はこうコメントを残している。

〈ぼくがマスクをかぶったために投げやすかったとすれば、それはいつもぼくがブルペンでボールを受けたり、こまかいことを指摘し合ったりしているからだろう。〉

昭和三九年は三三試合出場、本塁打一、打点四、打率一二九、森は一二三試合出場、本塁打一二、打点六五、打率二七〇だった。藤尾が引退する昭和四〇年は巨人のＶ９が始まった年だが一軍出場はなかった。その年の十一月にユニフォームを脱いだ。生涯成績は八六八試合出場、六二五安打、七四本塁打、三四六打点、打率二五三だった。年齢は三一歳で、まだまだ中堅選手としてひと働きもふた働きもできるときだったが、彼はあえて野球界に残ることを好まなかった。サラリーマンの道を選んだのである。

選手生活の晩年にセ・リーグのある球団から「ぜひに藤尾を」という話もあったのだが、さまざまな条件が重なって不成立に終わった。他球団に行けば、もっと第一線で活躍できると誰もが思っていた。トレードもダメだったとき、藤尾は「私の野球生命は事実上終わった」と悟ったという。

その間、森は正捕手として活躍し続けたが、藤尾のことをこう言ったという。

「素晴らしい捕手でした。あのひとがほんのもう少し、守りということを考える捕手だったら、私の出番は何年たっても回ってこなかったでしょうね」

森は昭和三四年から正捕手となったが、翌三五年には明治大学の佐々木勲、平安高校の野口元三が入団してきた。いずれもアマチュア球界では評判の捕手である。二人とも森の前に敗れ去り、佐々木は実働二年二八試合で中日へ、野口も実働二年一五試合出場のみでプロ野球界を去った。

森は正捕手の座を磐石のものにしたか見えたが、さらに巨人は大型捕手をぶつけてきた。今度は佐々木、野口の比ではなかった。昭和三八年には慶応大学で打率二七三、本塁打二、打点五一を記録した大橋勲が入団してきた。強肩強打の大型捕手、契約金は当時で言う最高額の四千五百万円である。打撃力、肩の強さでは森よりも格段に上の捕手だった。盗塁阻止にかけても森よりも優れていた。何より背番号「7」という数字に首脳陣の期待の高さが伺えた。その年の宮崎キャンプでは、首脳陣は森と大橋の二人を早朝マラソンをさせたことがあった。大橋が先に走ると、自転車で追走する川上が森にむかって「おい、お前やっと藤尾を抜いたと思ったのに、今度は大橋に抜かれるのか」とはっぱをかける。森が前に出ると大橋に「やっぱり森を抜くのは無理か。あんなに契約金をもらったのにな」とはっぱをかけた。

大橋は昭和四二年に一度森を抜きかけて試合に出たときもある。開幕当初から森は盗塁を許し、弱肩を露呈してしまったのである。そこで代わりにスタメンでマスクを被ったのは大橋だった。調子は抜群で、広島の古葉竹識、中日の高木守道、中登志夫などの俊足選手を次々と刺したのである。打撃も冴えて三割をマークした。彼の人気も高まってきた。そのとき大洋戦で、ファウルチップを右肩に受けて戦列を離れなければならなくなった。重い内出血で一カ月は箸も握ることができない。ハリ治療をしたとき、皮膚から粘着性のあるどす黒い血が一気に流れ出た。その異様なさまに大橋は腰を抜かした。

そして怪我も治り復帰したとき、捕手のポジションには以前と同じように森が居座っていた。もう大橋にはチャンスは巡ってこなかった。大橋は巨人で一九九試合の出場を記録しただけで昭和四四年に大洋ホエールズへと去った。六年間で本塁打一、打点二四、打率二二四という結果を残しただけだった。

川上は、冗談まじりにとはいえ、こんな言葉をダイレクトに森にぶつけてきたこともあった。

「おい、森よ。来年は六大学一のキャッチャーが入ってくるぞ。うかうかできんだろう」

言われた森にしてみれば「まったく監督もよう言ってくれるな」という痛烈な一言だった。

敵はこれで終わりではなかった。昭和三九年には東洋大学で四割を記録したこともある宮寺勝利が入団してきた。彼もまた森を抜くことはできず、わずか三年間で西鉄ライオンズへトレードされた。三二試合出場、本塁打〇、打点〇、打率一五八だった。

この間、森はV9時代の正捕手として巨人のコーナーストーンを守り続けていたが、それでも巨人は飽くことなく次々と新人捕手をぶつけてきた。

昭和四〇年には神港高校の吉田孝司、吉田は巨人で選手生活を終えたものの森が引退するまで控え捕手に甘んじ続けなければならなかった。

さらに昭和四二年には立教大学から槌田誠が入団してくる。彼は東京六大学史上二人目の三冠王で、すべてにおいて一流の技量を兼ね備えた捕手だった。事実槌田は、一年目に初安打が代打満塁ホームランという派手なデビューを飾ったが、以後伸び悩み、どうしても森を抜くことができなかった。以後活路を求めて外野手に転向、控え選手のまま志半ばで昭和五二年にヤクルトスワローズへと去った。巨人での実働は一〇年間で、四四〇試合出場、一〇四安打、一四本塁打、打点六三、打率二二二が残した成績である。

森は昭和四二年の阪急ブレーブスとの日本シリーズでは地味ながらも投手陣をよくリードした功績が称えられて、最優秀選手に選ばれている。捕手がＭＶＰに選ばれたのも史上初であり、Ｖ９の頭脳として森の評価も不動のものになっていた。

だが巨人の正捕手を守りぬくためには、彼も陰では並大抵ではない苦労があった。

ある試合で肋骨にひびが入るケガをしたときも、絆創膏をぎりぎりに巻いてマスクを被った。足の指にひびが入ったときもプレーを続けた。藤尾をはじめ、大橋、槌田、宮寺と常に素質抜群のライバルが控えているという不安が、彼の気持ちを奮い立たせたのである。

森は言う。

〈正捕手になったからと、油断したことは一度もなかった。なぜなら、次から次へと捕手要員が入ってきたからである。

しかも、その大半が、東京六大学で実績を残した即戦力捕手だった。つまり、一から鍛えれば将来が楽しみ、というレベルの捕手ではなく、隙あらばいつでもレギュラーの座を狙える力をもった選手ばかりなのだ。はっきり言えば、ライバルというより「敵」と言ったほうがいいかもしれない。

私は、相手チームと戦いながら、チーム内の敵とも戦わなければならなかった。レギュラーになってからの一六年間、ずっとである。引退するまで、敵は実に二四人におよんだ。〉

（森祇晶『捕手的人間の時代』）

すでに藤尾も去り、捕手の地位は不動のはずなのに巨人は次々と補強を続けてくる。

広岡達朗は言う。

「森はポジションを取って実績を挙げていったと思うね。ライバルは皆、負けたからね。実際巨人で生き残るのは大変でしたよ。何でそんなに採るんだ、俺で間に合うじゃないかと思っても、どんどん採ってくるんだよね。どんどん採って皆捨てられるわけですよ。逆に言うと森もそうだったし、いい選手は全部買い漁ってくるわけです。ここが巨人の一番悪い伝統なんですよ。育てないんです。今でもそうです」

広岡の場合も、やっと遊撃のポジションを摑んだと思っても、これでもかと対抗馬を持ってきた。遊撃手の補強だけで当時の金額で二億円を使ったと言われている。ざっと挙げれば、藤本伸、塩原明、船田和英、土井正三、黒江透修らである。そのすべてが彼を抜くことができず、他のポジションに回って生きてゆかなければならなかった。広岡はシーズンオフになると次はどの選手が来るのか気が休まる暇がなかったという。名手の彼にしてそうであるから、他の選手の場合は熾烈を極めた。

だがそれが常勝巨人軍の強さの秘訣であるとも広岡は言っている。つねに優勝を宿命づけられているチームでは、レギュラー選手を怠けさせることはできなかった。つねに選手を向上させ、あるいはもっと優れた選手を起用することで、日本一のチームをつくらなければならなかったからである。

森は引退する昭和四九年まで正捕手の座を守り抜いた。文字どおり頭のてっぺんからつま先まで毎日が怪我の連続だった。その中で決して休もうとはしなかった。肋骨が折れても、足の指を骨折してもひた隠しにして試合に出た。そして「森は怪我に強い」とも畏怖されるようになった。森に言わせれば怪我に強いというのは要は気持ちの問題だということになる。

だが千葉茂は「六〇年たった今も巨人にはキャッチャーはいない」と断言した。

「森昌彦は物足りないという感じだ。それまでにも大橋勲とか、いろいろようけ取っているけど全部森が追い返した。しかしね、森は満足すべきキャッチャーだったか、と言ったら、違う。しかし、何となく残っとるんだ」

千葉は筆者にこうも言ったことがある。

「森は日本一のチームのキャッチャーじゃないですよ。今の野球は森や野村みたいに足の遅いドンガメみたいな捕手がごちょごちょやっている。これは野球の退化ですよ」

千葉の理想の捕手は、球を受けるだけのカベではなくて、キビキビしてチームを引っぱる利発な捕手であった。それは、戦前の名捕手吉原正喜にも言えるし、藤尾もその部類に属する。

広岡は述懐する。

「藤尾はもし森がいなかったとしても、後で入ってきた三人（佐々木、野口、大橋）に抜かれたかもしれない。彼が森のように自分の位置を何としてでも守ろうという気概があったかどうかはちょっと疑問ですね」

左腕投手の伊藤芳明は言う。

「森さんは野村克也タイプのキャッチャーです。捕手としてインサイドワークで評価される。森君にしたら、ものすごくいいチャンスを与えてもらって、自分のものにしっかりとして確固たる成績を収めた。川上監督にも可愛がられました。それに対して藤尾さんは活躍した時期が短すぎた。一〇年くらい第一線で捕手をやっていればもっと野球界に名を成した人ではないかと思います。名選手としての称号だってもらえたでしょう。自分の大事なポジションをコンバートで明け渡したのがね、悔やんでも悔やみきれないでしょう。その悔しさは、ずっと残っているんじゃないでしょうか。監督にコンバートを言われて食ってかからなかった。そこに素直というか藤尾さんの性格の良さが現れていたのかもしれないですね」

藤尾は言う。

「昭和四〇年に辞めるときは野球の世界から早く逃げたいというか、帰りたくないという感じが凄かったからね。ほんとうに自分でもシュンとなってしまいました。〝野球の世界なんて二度と……〟と思いました」

彼はサラリーマンとなった後も、「野球の世界ってもう嫌や。こんな世界を二度と振り返らんぞ」という思いが強かった。テレビでもプロ野球の試合を見ることはなかったし、少年野球の指導を頼まれても断っていた。

藤尾が現役を引退して、十数年がたった。兄の家業を手伝い、運動用品会社、スポーツランド管理人といくつもの仕事を経験した。「藤尾さんは会うたびに仕事が変わっている」と知人たちが言っていたときもあった。その間、巨人軍のOB会にも顔を出さなくなっていた彼だが、四〇歳を過ぎてようやく出席することにした。ようやく事業も軌道に乗って、自分なりに日々充実感を持って仕事ができるようになっていた。OB会は熱海で行われる。自分は森と競争して負けたわけではない、チームの方針として外野に行ったのだという意識が燻《くすぶ》り続けていた。その答えを当時の監督だった水原茂に確認したいと思って出かけたのである。このとき巨人はV9時代の全盛期であり、前監督の水原がやって来ても、選手の誰も玄関まで迎えに行く者はいなかった。藤尾だけが玄関まで出迎えた。名将水原でさえも歴史の中に埋もれた過去の存在になっていた。時代の流れは戦前のスタープレーヤーで戦後の名監督水原に対しても容赦なく残酷であった。水原は微笑を湛え、靴を脱いで玄関に上がった。誰も彼に声をかけない。藤尾は型どおりの挨拶を済ませ、雑談すると、水原に訊いた。

「監督、一つだけ質問をさせてください。僕は森に負けたんじゃないと思っているんだけど、何であのとき外野に行かしたんですか」

水原は言葉もなくしばらく考えるように黙っていた。やがて一点を見つめると決心したようにこう言った。

「藤尾よ、野球だけが人生じゃないよ。第二の人生で森に勝てばいいじゃないか」

水原はそれきり黙ってしまった。目にもうっすらと赤味がさしていた。

このとき藤尾は長いこだわりから目が覚める思いがしたという。

「そのときに僕はえらい心が狭かったなと思いました。第二の人生が長いのだからそこで堂々と生きていけばいいんだと考えるようになりました。ころっと考えが変わりました。自分は度量の小さい人間だったなと感じたんです」

それから彼は野球の指導にも出かけ、テレビで野球中継も見るようになった。

森は昭和四七年から長嶋茂雄とともに選手兼任でコーチになった。昭和三六年から捕手の座を守り通した彼も、すでに三五歳となっていた。ベストナインも昭和四三年を最後に中日の強打の捕手木俣達彦にその座を譲っていた。森は昭和四七年こそ一二〇試合に出場したものの、規定打席には届かず、打率は二一〇まで落ちていた。一方では控え捕手の吉田孝司も力をつけており、徐々に森の牙城を狙う存在になっていた。吉田は二六歳でこれからが期待され、森のもとで八年間を控えで過ごしてきたのであった。さらに翌四八年には森は九七試合と出場が減り、試合数では吉田に抜かれる形になった。

四八年は森は三本塁打、一九打点、打率二二〇、吉田は本塁打五、打点二〇、打率二六七と森の成績を完全に上回った。吉田の背番号は「9」。奇しくも森が追い抜いた藤尾の背番号と同じだった。またしても森は背番号「9」の控え捕手となったのである。

そして森が現役最後の年は五六試合に止まり、本塁打二、打点一九、打率二四三、吉田は本塁打七、打点二〇、打率二〇五を残し正捕手の座に君臨することになった。奇《く》しくも昭和四九年は長嶋茂雄の現役最終年にも当たり、彼と同じ年に森、遊撃の黒江も引退したがそれほど話題にならず、十月十四日にプロ野球史上に残る長嶋の最終試合が行われた。「わが巨人軍は永遠に不滅です」という彼のセリフは多くのファンを熱狂させた。

長嶋の引退から一カ月後の十一月二十日に前人未到の九連覇を達成した川上哲治の監督引退も発表された。これは長嶋の監督就任と同時に発表された。

川上貴光著『父の背番号は16だった』によれば、川上は新しく監督になる長嶋のために経験豊富な牧野茂、藤田元司、森昌彦をコーチとして残しておきたいと考えていた。だが長嶋監督のコーチングスタッフが発表された中に彼らの名前はなかった。長嶋は自分の意思でコーチ人選を行ったのである。森は現役を引退して、巨人にコーチとして残ることは許されずにチームを去ることになった。それが「V9の頭脳」と呼ばれた男に対する長嶋の考えだった。

そして川上もフロント入りして、球団常務（のち専務）に昇格したものの、現場の指揮にはタッチできず、少年野球の指導で全国を回ることが仕事になった。オーナーの正力亨は言った。

「川上君、君はたしか引退したら少年野球の指導をするのが夢だと言っていただろう。今年はぜひそれをやってくれ。現場のことは長嶋にまかせてあるから、君はいっさい心配しないでいいからね。君が少年野球で全国を回ってくれることが読売と巨人軍のためになるんだから」

川上貴光は述べる。

〈父はこの日正力と会うまでは、まだフロントでなにかまともな仕事をさせてもらえるのではないかと思っていた。球団常務という肩書きがあったからである。だが、正力のこの言葉ですべてを悟った。監督を辞めたときに、もうジャイアンツには無用の存在になっていたのである。〉

（同）

そして川上はこの年、球場に足を運ぶこともなければ、テレビでジャイアンツの試合を見ることもほとんどできなかった。野球教室という形で現場から遠ざけられてしまったのである。ある意味、給料をもらいながらの新聞の販売拡張であったと彼は述懐している。

川上はこの年一年間で巨人を去った。

以後、森も巨人のコーチ、監督に一度も返り咲くことなく他球団で指導者の道を選んだ。

長嶋茂雄も失意のまま昭和五五年で巨人を去った。次の監督藤田元司が三年目を終えた昭和五八年十一月のときだった。藤尾が現役を引退して一八年が経っていた。そのとき藤尾は西宮市の屋内スポーツランド「鳴尾クラブ」の館長に就任していた。同時にその頃、少年野球の技術顧問となって、サラリーマン生活の傍ら、日曜日には小中学生にシートノックをする日々を送っていた。巨人を去ってから草野球はおろかキャッチボールもしたことはなかったが、野球に対する嫌悪感が徐々に氷解し、少年野球の面白さに出会ったのである。

「野球なんて金輪際するものかと決めていたのに、気がついてみるとコロっと変わっていた。やっぱり俺には野球しかないんだとつくづく思いました。そうなると思い出すのさえうとましかった巨人時代のことが懐かしくなってきたんです」

ノックをしていると体中に充実感がほとばしり、現役時代さながらに目が燃えるように輝いた。やっぱり野球はいいものだと思った。そう感じるようになると、日曜日は朝早くからグラウンドに立つことが楽しみになった。そのとき藤尾の許に一通の招待状が舞い込んだのである。十一月十九日に後楽園球場で行われる「夢のスーパースターゲーム」の出場の知らせだった。この試合は野球体育博物館基金募集記念で行われ、試合の一回から六回までは現役の選手たちがプレーし、七回からはプロ野球ＯＢが出場することになった。いずれもセ・パに分かれて、ファン投票で選ばれた選手がプレーをする。そこで藤尾がセ・リーグの捕手部門でファン投票一位に選ばれたのである。ファンの目に映る歴代のスーパースター捕手は森ではなく藤尾だったのである。引退してからも全国のファンは精悍な顔の〝日本一の捕手〟を忘れてはいなかった。藤尾は四百勝投手金田正一とバッテリーを組んだ。金田はかつて自分がよく本塁打を打った投手であった。一塁には王貞治、三塁には長嶋茂雄、かつてのチームメイトが顔を揃えていた。

一番・三塁　長嶋茂雄、二番・一塁　王貞治、三番・右翼　青田昇、四番・二塁　高木守道、

五番・左翼　高田繁、六番・中堅　中利夫、七番・遊撃　三宅秀史、八番・捕手　藤尾茂、九番・投手　金田正一

これが全国のファンが選んだスーパースターのメンバーだった。藤尾には初めて見る後楽園のジャンボスタンドがまぶしく珍しかった。人工芝も初めてだった。ベンチ裏は昔のままで、そこだけが藤尾を現役と同じように迎えてくれていた。藤尾は感激した。スタンドを見上げると温かいファンの視線を感じた。

メジャーリーガーをも震撼させた藤尾のプレーを、ファンは決して忘れない（毎日新聞社提供）。

やがて試合が始まった。後楽園球場に背番号9、キャッチャー藤尾が甦った。彼は相変わらず元気だった。国鉄の金田、阪神の村山実の球を受け、バッターとしては満塁のチャンスに、東映の怪童・尾崎行雄からしぶとくセンター前にヒットを打って、二人の走者をかえした。勝負強い打撃も衰えてはいなかった。現役時代さながらに声もよく出ていた。〝名捕手・藤尾健在なり〟改めて多くのファン

に焼き付けた試合となった。

現在（平成一八年）、藤尾は三重県鈴鹿市にある鈴鹿カントリークラブの副社長の要職にある。彼は遠くを見つめ、ここまで話すと「こんなこと初めて聞いたでしょう」と笑って見せた。さらにゆっくりと語った。

「実社会に入って僕が思いますのは、森のやり方が正解だったなと反省しています。僕は社長に対して真実を進言しなければ、神戸港に着こうとする船が横浜港に着くかもしれません。社長が怒ろうが、真実を言うことが経営上、僕の役目だと思っています。野球で言ったら、川上監督に〝ピッチャーのスピードが落ちてきましたよ〟と森が言ったようにすること。〝まだ大丈夫ですよ〟とウソの報告をしたら、ピッチャーは続投してホームランを打たれて負けてしまう。スピードが落ちたのは現実なんだから言うてあげるべきやということ。だから嫌なことでもちゃんと報告してあげるということですね」

そしてもう一つと、彼は呟いた。

「それからキャッチャーという性格上、つねに三六〇度見とかないといけないわけですな。アンパイアがおり、相手ベンチがおり、自分の味方ベンチに選手がおり、スタッフがいる。今でも座ってこの社員がどういう働きをしているか、どういう動きをしているか分かるんですね。それと社員と会ったときにぱっと顔色一つで体調悪いんやな、何か悩んでいるのかなと、私には分かるのですね。これは野球で活かされたもんやな。それと忍耐や。ええことがあったらその人のおかげ、悪いことは自分の身から出た錆、自分の年がゆくにつれてつくづく思う感じです」

ここにも捕手藤尾の気概が生きていた。彼は七〇歳を過ぎた今も捕手として扇の要に立って、実社会という第二のグラウンドを見渡していたのだった。そして沈黙し、しばらく遠くに視線を這わせていたが、ゆっくりと唇を開いた。

「森はハングリー精神の塊だった。僕にもよく聞きにきました。僕も人がいいというか洗いざらい教えてしまいましてね」

心なしか目が潤んでいるように見えた。そして途切れ途切れに言葉が出た。

「そういう意味では……やっぱり……僕は……森に……負けたんだ」

その視線は強く私を捉えて離さなかった。「それでいい」といったニュアンスにも取れた。森がそのおかげでV9の捕手に成長した。自分が育てた息子、といったふうにも受け取れた。それが巨人の歴史に少しでも役に立ったのならそれでいいじゃないかとも言っているようだった。その言葉は一方でどこまでもふっきれたような明るさも漂わせていた。

藤尾はきつく唇を結んでいたが、やがておだやかな微笑を浮かべた。私と藤尾はどちらからともなく席を立って互いに向き合った。そして藤尾がグラブのような大きな両手でゆっくりと私の小さな右手を包んでくれた。分厚い掌ながら温かいぬくもりがあった。

隣の部屋からは宴もたけなわで酔って話すお客の声が聞こえてきた。

伊藤芳明はある日、呟くように言ったことがある。

「森君には森君のよさもあるし、年代の差が開いていない森君ががんがん上がってゆく。一方藤尾さんは引退の烙印を押された。だけど藤尾さんという名前だけは残るんですよ。華々しい日本シリーズのデビューがね。それでぱんと上がってスターダムに走った人です。野球寿命は短かったけど、あまりにも鮮烈なデビューでした」

藤尾は緑が彩られた芝生の敷かれた庭を見て、こう言った。

「僕が見て凄いキャッチャーだと思ったのは古田です。古田は攻め方がよう僕に似とるわ。ここへ行きたいと思ったらぽんぽんと行く。城島に時代は変わりつつありますが」

最後に「藤尾さん、現役の捕手では誰に近いタイプでしたか」と尋ねると、照れ臭そうに笑った。

「城島になるのかな。押せ押せという感じがそうですね。まあバッティングは別です」

破顔一笑、藤尾は笑った。彼が色紙に書いたサインには「読売巨人軍　藤尾茂」と大きく記されていた。やはり彼はいつまでも巨人をこよなく愛し、熱い思いで巨人の捕手にこだわり続けた、巨人軍の名捕手であった。

隣の部屋ではまだ宴会の声が聞こえる。日は落ちたが、一面の芝生をいっぱいに照らしていた。十月の半ばになったが、まだ紅葉の季節には遠いようだ。

宮田征典、大友工、藤尾茂の年度別成績

宮田征典（太字はリーグ最多）

年度	試合	交代完了	勝利	敗北	勝率	投球回	三振	防御率	防御率順位
昭和37	28	7	2	3	.400	74.2	46	2.52	
昭和38	47	**25**	6	4	.600	110	74	1.88	
昭和39	35	13	7	5	.583	96.2	74	2.32	
昭和40	**69**	**46**	20	5	.800	164.2	145	2.07	④
昭和41	15	12	5	3	.625	33.2	18	2.12	
昭和42	28	15	2	5	.286	38.1	34	5.21	
昭和43	30	21	3	2	.600	56	46	3.38	
昭和44	15	8	0	3	.000	21	23	6.86	
通　算	267	147	45	30	.600	592	460	2.63	

大友　工（太字はリーグ最多）

年度	試合	完投	勝利	敗北	勝率	投球回	奪三振	防御率	防御率順位
昭和25	15	5	4	4	.500	85	44	3.71	
昭和26	29	3	11	4	.733	137.2	51	2.41	③
昭和27	40	9	17	8	.680	207.1	120	2.25	④
昭和28	43	22	**27**	6	**.818**	281.1	173	**1.85**	①
昭和29	48	17	21	15	.583	278.2	199	1.68	②
昭和30	42	25	**30**	6	**.833**	303.2	206	1.75	⑥
昭和31	29	6	12	7	.632	155	84	1.63	
昭和32	21	3	5	4	.556	81	46	3.89	
昭和33	12	0	2	1	.667	41.2	11	1.93	
昭和35	15	0	1	2	.333	20.1	14	3.86	
通　算	294	90	130	57	.695	1589.1	948	2.11	

タイトル　最高勝率　2回（昭和28年、昭和30年）　最優秀防御率　1回（昭和28年）
最多勝利　2回（昭和28年、昭和30年）
表彰　最優秀選手　1回（昭和28年）　ベストナイン　1回（昭和28年）
沢村賞　1回（昭和28年）
記録　ノーヒット・ノーラン（昭和27年7月26日）

藤尾　茂

年度	試合	打数	安打	本塁打	打点	盗塁	打率	打率順位	守備位置別出場数
昭和28	16	12	2	0	3	0	.167		捕手13
昭和29	54	115	22	3	15	1	.191		捕手48
昭和30	60	154	44	5	29	3	.286		捕手51
昭和31	117	406	112	14	58	12	.276	⑤	捕手116
昭和32	105	348	89	8	30	7	.256		捕手104
昭和33	115	399	113	11	58	14	.283	⑤	捕手113
昭和34	115	402	106	13	70	9	.264	⑭	外野86、捕手36
昭和35	104	314	77	15	54	13	.245		外野82、捕手19
昭和36	89	161	30	3	19	3	.186		捕手59、一塁3、外野2
昭和37	35	55	9	1	3	3	.164		捕手13、外野5
昭和38	25	47	13	0	3	0	.277		捕手22
昭和39	33	62	8	1	4	2	.129		捕手25
通　算	868	2475	625	74	346	67	.253		

表彰　ベストナイン4回(昭和31年～34年)

執筆後記――プロ野球が復興すること・歴史に学ぶということ

私が巨人軍のスターであった宮田征典、大友工、藤尾茂の各氏を書こうと思ったのは平成一六年の秋でした。私はふだんはサラリーマンをしながらノンフィクションを書いています。どちらが本業なのかといえば、生活時間の大半は勤務先に費していますから、趣味でものを書いているということなのかもしれません。しかしながら精神的な比重としてはものを書くということに少なからずの部分が占められているように思います。

未曾有の出版不況と呼ばれる時代において、ものを書いて生活してゆくことは並大抵のことではありません。これからも細々と二足の草鞋を履いて書いてゆくことになります。その中でノンフィクションを書き始めて今回が五冊目の本になりました。もとより売れないものばかり書いておりますから、いつまた本が出せない時期がやってくるのか不安でなりませんが、少しでも多くの方に読んでいただけたらと思っております。

「貴方はどうして地味なものばかり書くのですか？　もっと派手なものを書いたらよいのに」

とよく知人に指摘されます。私は作品が売れる売れないにかかわらず、私が書きたいものを追い求めて、じっくりと取材して調べて形に残したい、ただそれだけの思いで執筆活動を続けています。これができるのもサラリーマン生活をしながら、書くことを趣味の位置に置いているからできることなのです。お金と時間の心配をしないで自分のテーマを書きたいものを純粋に追及することができる、これは二足の草鞋の強みでもあります。

今回の御三人は私が長らく書きたいと願っていた方ばかりでした。短い時間にも燃焼し美しく輝いた人生を追ってみたかったのです。

私のような駆け出しの書き手に、かつて一世を風靡したお三方が突然の取材にもかかわらず、当時の貴重なお話をしてくださったことにとても感謝しております。取材から執筆、そして発行まで二年近くが経ってしまいましたが、これもひとえにサラリーマン稼業を続けながらの執筆活動ですから、締め切りの制約も受けずにできたことなのかもしれません。

そして取材にご協力いただきました元巨人軍投手の伊藤芳明氏、堀内庄氏、安原達佳氏、そして広岡達朗氏、元読売新聞運動部の吉田和夫氏からは当時の貴重なコメントを頂きました。厚く御礼申し上げます。そして幾度も陰になり日向になり取材を支えていただきました、読売巨人軍広報部の皆様にも御礼申し上げます。

私は昭和三九年の生まれですが、私たちの世代は本を読まない世代だと言われていました。私自身よく先輩諸氏に読書不足という指摘を有り難くも頂戴してきました。現在はその状態はさらに悪化して、私たちの下の世代はもっと本を読まなくなっているようです。年配の方でもどうでしょうか。携帯電話、インターネット、Eメールの時代にただ世の中が便利、効率化の方向に突き進んでいるように思います。そのこと事体は便利になり有り難い現象でしょう。

しかし一方ではこれまでにあった有用なもの、価値あるものがそぎ落とされているように思います。その極致がリストラであり、人員削減であり、あるいは「勝ち組」「負け組」という言葉だと考えます。同時にその弊害の一つに今必要なもののみに目が向いて、過去の有益な仕事を残した人たちの功績をきれいに忘れ去ってしまう点があると考えています。現代という時代が過去を振り返らなくなってしまった、今さえよければそれでいいのではないか、ということです。

過去に偉大な業績を残した人物でも年老いて今役に立たなくなったら無用の産物である、そんな価値観を現代という時代は浸透させてしまうのではないかと危惧しています。かく言う私自身も日々サラリーマン生活の傍ら、知らずのうちにその感化を受けているのかもしれません。

その中で、まだテレビさえも普及せず、ラジオ放送が主流だった時代に活躍された三人の姿を思い浮かべます。大友氏、藤尾氏のお姿から、データ重視の管理野球、細かいサインプレーとは無縁の、今の時代が見失っている野球の素朴な魅力が醸し出されているようにも思います。

宮田氏の姿は、チームのために粉骨砕身して投げぬいた男の意地が見えてきます。

三人に限らず、かつての名選手たちの姿を今の時代は振り返らなくなってしまいました。先人たちの歩みに謙虚になってそこから学ぶことをやめてしまった。それだけに過去の中でも短い年月に燃焼しつくして野球生活を送り、それが現在のプロ野球にも生きている三人の人生を今のファンに伝えたいと思いました。そしてこれからもサラリーマン生活をしながら、歴史の中に埋もれてしまったかつての名選手を掘り起こしてゆく作業を続けてゆきたいと考えています。自分が語り部になって今の時代が見失ってしまった野球の原点を後世にも伝えてゆけたらと考えています。そんなささやかな使命を持っています。

今年はサッカーワールドカップが開催される年で、世間の注目はサッカーに向いているようです。野球もワールドベースボールクラシックで日本が優勝したものの一時の現象で、相変わらず巨人戦のテレビ中継の視聴率は芳しくないと聞きます。だがプロ野球には七〇年を超える長い伝統があり、国民的娯楽の王道を長らく務めてきた歴史もあります。そして戦火を経験して生き残ったという悲しくも貴重な経験もあります。とくに戦争体験に関してはプロ・スポーツでは野球だけがもつ歴史であり、その悲惨さをスポーツの面からも語ることができる資格を持っています。

世のグローバル化に伴い、日本のプロ野球がメジャーリーグなど海外に目を向けていくのも当然のことだと思いますが、かつて歩んだ道を振りかえって原点に立ち返る行為も同じくらい必要なことだとも思います。一寸立ち止まって歴史を見るときに、日本のプロ野球が抱える問題やこれからあるべき姿、そしてかつての人気を回復する道が見えてくるように思われます。歴史を振り返ることの必要性は、野球に限らず、今の時代サラリーマンも経済界もすべての物事において、と言い換えてもよいかもしれません。

その意味で今回の作品は私なりの現代に対するささやかな提言としてとらえていただければ望外の喜びです。
作品の刊行にあたり、今回もまた現代書館社長菊地泰博氏のお世話になりました。さらに執筆においては編集部吉田秀登氏に何度もご教示をいただきました。ありがとうございます。そして快く取材を引き受けてくださいました、大友工氏、藤尾茂氏、宮田征典氏に再度御礼を申し上げます。

平成一八年五月二十八日　著者記す

＊作品の性質上敬称は略しました。写真の掲載につきましては、クレジットのないものにつきましては、取材者からご提供いただきました。

澤宮　優（さわみや　ゆう）
ノンフィクションライター。一九六四年熊本県生まれ。青山学院大学文学部卒業、早稲田大学第二文学部卒業。現在サラリーマンの傍ら著作活動を行っている。
二〇〇三年に『巨人軍最強の捕手』（晶文社）で、第14回ミズノスポーツライター賞優秀賞受賞。著書に『打撃投手』『炭鉱町に咲いた原貢野球』『放浪と土と文学と』（いずれも現代書館）他がある。

プロ野球・燃焼の瞬間
――宮田征典・大友工・藤尾茂――

二〇〇六年七月五日　第一版第一刷発行

著者　澤宮　優
発行者　菊地泰博
発行所　株式会社　現代書館
東京都千代田区飯田橋三―二―五
郵便番号　102-0072
電話　03(3221)1321
FAX　03(3262)5906
振替　00120-3-83725
組版　美研プリンティング
印刷所　平河工業社（本文）
東光印刷所（カバー）
製本所　矢嶋製本

校正協力・東京出版サービスセンター
 ISBN4-7684-6927-2
定価はカバーに表示してあります。乱丁・落丁本はおとりかえいたします。
http://www.gendaishokan.co.jp/